El japonés

Guía para escribirlo y habla

Equipo de expertos 2100

EL JAPONÉS FÁCIL

De Vecchi

En la elaboración de este libro ha colaborado la señora Kuniko Tanehashi.

Ilustraciones de Juan Castaño Nuñez.

Diseño de la cubierta de Tomavistas, S. L.

Balmes, 114. 08008 BARCELONA
Depósito Legal: B. 24.181-2006
ISBN: 84-315-1698-4

Índice

Introducción

No deja de ser sorprendente que las lenguas de dos países tan distantes geográficamente como son España y Japón, puedan guardar ciertas semejanzas. La similitud fonética de la lengua japonesa y la nuestra es tan grande, que su aprendizaje nos resulta mucho más fácil de lo que podríamos pensar en un primer momento. Por otra parte, y por si fuera poco, su gramática es una de las más simples del mundo: sus reglas son pocas y sencillas, sin apenas excepciones; algo que es de agradecer ya que facilita la fluidez de expresión y permite concentrar nuestro esfuerzo en la adquisición del vocabulario.

Desde hace algunos años, cada vez es más frecuente ver en la televisión japonesa a occidentales y asiáticos expresarse tan bien en japonés que parece que hubieran nacido en el país. De hecho, en muchas escuelas primarias de Estados Unidos y Australia se imparte como segunda lengua, gozando de una más que aceptable acogida.

Todas estas razones deberían ayudarnos a perder nuestras reservas y temores, y más si tenemos en cuenta que la principal dificultad para el aprendizaje de una lengua viene dada no tanto por el lenguaje en sí como por el tiempo que dediquemos a su estudio.

Tal vez la tarea más difícil sea acostumbrarnos a la lectura y escritura de los caracteres que provienen del chino, los llamados *kanji*. Es por eso que hemos creído conveniente centrarnos en los dos alfabetos silábicos, el *hiragana* y el *katakana*, con cuyo aprendizaje cualquier persona puede desenvolverse perfectamente en cualquier situación y ocasión.

El objetivo de *El japonés fácil* es dominar el lenguaje cotidiano a través de diálogos y explicaciones gramaticales. Personalmente, aconsejamos leer con atención cada uno de los diálogos, memorizarlos y luego estudiar detenidamente los apartados gramaticales. Los ejercicios preparados en cada lección le permitirán comprobar su nivel de conocimientos gracias al solucionario que se ha incluido al final, junto al vocabulario y el apéndice dedicado a los verbos.

Además, podrá comprobar la pronunciación correcta de todas las expresiones clave, así como de los diálogos y modelos de conversación, que han sido incluidos en el CD adjunto.

El icono utilizado en el libro indica que algunos de los textos que vienen a continuación han sido incluidos en el CD; de esta manera, se facilita su búsqueda y localización. Para adaptarnos a la capacidad del CD hemos seleccionado los ejemplos más significativos e importantes para su aprendizaje.

Confiamos en que las páginas que siguen sean una buena tarjeta de presentación de la lengua y la cultura japonesas.

¿Cómo es la lengua japonesa?

La fonética

En la introducción de este libro, habíamos comentado la similitud que existe entre los fonemas del japonés y los del español. Si bien esta afirmación es cierta, conviene matizarla. Para empezar, es conveniente saber que el sistema fonético japonés es mucho más restringido que el nuestro, lo cual nos facilita mucho su estudio y adquisición. En las páginas 14, 15, 33 y 34 podemos ver un cuadro en el que se nos detallan todos los sonidos del japonés y sus transcripciones en hiragana y katakana. Si lo desea, puede escuchar ahora la primera secuencia de la cassette y familiarizarse con el repertorio fonético que debe aprender.

Como habrá podido comprobar, el sistema consonántico no tiene demasiadas diferencias respecto al nuestro. Tal vez el rasgo más importante sea la inexistencia del fonema /l/, que se asimila a /r/. De hecho, al importar una palabra extranjera, suelen asimilarse sus sonidos de la manera más fiel posible, adaptándolos a la fonética japonesa.

Otra característica que debe tenerse en cuenta es la existencia de consonantes dobles. A diferencia de las vocales, no debe prolongarse su duración, sino que deben pronunciarse dos veces, procurando hacerlo de la manera más rápida posible:

kk, tt, pp, ss　っ　ッ

Ejemplo:	ha**kk**ô	はっこう	ki**ss**aten	きっさてん
	ma**tch**i	マッチ	ha**pp**yaku	はっぴゃく

El aprendizaje del sistema vocálico tampoco supone un gran esfuerzo: está compuesto por cinco sonidos idénticos a los nuestros. Hay, sin embargo, una pequeña diferencia que es importante tener en cuenta: el japonés distingue entre vocales breves y largas. Las primeras tienen una duración similar a las nuestras, mientras que las segundas tienden a durar casi el doble. Un ejemplo nos aclarará este concepto:

とうきょう, *Tôkyô* (Tokio)
こうえん, *kôen* (parque)
かようび, *kayôbi* (martes)

Fijémonos cómo en en estas palabras el fonema /o/ se ha transliterado en rôma-ji con la tilde ‹^› para indicar que la vocal es larga. De este modo, al leer estas palabras deberemos pronunciar *Tookioo, kooen* y *kayoobi.* Su transcripción en hiragana y katakana es la siguiente:

â	ああ,	アー
ii, î	いい,	イー
û	うう,	ウー
ei, ê	えい, ええ,	エー
ô	おう, おお,	オー

El sistema vocálico japonés contempla, asimismo, una serie de vocales que se vuelven mudas al entrar en contacto con ciertas consonantes. Los casos más frecuentes de vocales mudas son los que siguen:

a) las vocales [i] o [u] interconsonánticas se vuelven mudas, por ejemplo, *kusa* [ksa];

b) las vocales [i] o [u] después de consonante a final de palabra, por ejemplo, *desu* [des];

c) las vocales [i] o [u] delante de consonante al principio de palabra, por ejemplo, *ikimasu* [kimásu].

La escritura

Una de las características más peculiares y a primera vista más llamativas de la lengua japonesa, es el empleo de tres sistemas de escritura diferentes y complementarios, el *kanji*, el *hiragana* y el *katakana*.

Los **kanji** son ideogramas de origen chino que representan una idea y que pueden leerse de dos maneras diferentes, según la fonética china *(onyomi)* o la japonesa *(kunyomi)*. El *jôyô kanji*, o «lista oficial», está compuesto por 1.945 diferentes, los cuales, combinados con los hiragana, configuran la escritura japonesa propiamente dicha.

El **hiragana** deriva del kanji. Consta de 48 signos silábicos de trazo ondulado y sencilla caligrafía.

El **katakana** se utiliza para transcribir palabras de origen extranjero. Al igual que el hiragana, se trata de un alfabeto silábico compuesto de 48 signos, aunque de trazo mucho más cuadrado.

Existe, además, el **rôma-ji**, un sistema de escritura fónetica basado en el alfabeto latino que permite pronunciar cualquier palabra japonesa. Se trata de una herramienta pedagógica de gran valor, ya que permite al principiante desarrollar su conocimiento de la lengua oral sin entretenerse en la memorización de los tres sistemas que hemos comentado. Sin embargo, la transcripción no es plenamente satisfactoria, dada la diferencia formal de algunos sonidos y fonemas japoneses respecto a los de las lenguas occidentales. De los dos sistemas, el *hebon* y el japonés, utilizaremos el primero. En el apartado correspondiente abordaremos el tema con mayor precisión.

Según lo que hemos aprendido, sabemos que cualquier palabra, concepto, frase u oración puede escribirse combinando grafías kanji, hiragana y katakana.
Veamos los siguientes ejemplos:

Kanji	山	montaña
Hiragana	やま	ídem
Katakana	ヤマ	ídem
Rôma-ji	yama	ídem

Kanji	東京	Tokio
Hiragana	とうきょう	ídem
Katakana	トウキョウ	ídem
Rôma-ji	Tôkyô	ídem

hiragana	hiragana	katakana	kanji	hiragana	kanji	hiragana
あなたは	どこで	スペイン	語	を	勉強	していますか。
Anata-wa	doko-de	supeing	o	o	benkyô	shite-imasu-ka.

(¿Dónde está estudiando Ud. español?)

Más de uno habrá pensado a estas alturas si no bastará con aprender un solo sistema de escritura e incluso se habrá planteado si realmente son necesarios los otros tres. La respuesta es afirmativa en los dos casos: aprender un sistema es suficiente, pero también es necesario aprender y dominar los otros tres. De hecho, hiraganas, katakanas y kanjis no se combinan de una manera caprichosa, sino que constituyen una gradación: los alumnos de la escuela primaria y los estudiantes extranjeros adoptan primero el hiragana para ir combinándolo progresivamente con los otros dos.

Hiragana

A continuación presentamos todos los signos con sus correspondientes sonidos- que podemos clasificar en tres categorías; vocálicos, consonantes + vocal,, y con <n> final.

	Sonidos puros					Sonidos impuros				
	a	*i*	*u*	*e*	*o*					
	あ	い	う	え	お					
k	*ka*	*ki*	*ku*	*ke*	*ko*	*ga*	*gi*	*gu*	*ge*	*go*
	か	き	く	け	こ	が	ぎ	ぐ	げ	ご
s	*sa*	*shi*	*su*	*se*	*so*	*za*	*ji*	*zu*	*ze*	*zo*
	さ	し	す	せ	そ	ざ	じ	ず	ぜ	ぞ

Sonidos puros

t	*ta* た	*chi* ち	*tsu* つ	*te* て	*to* と
n	*na* な	*ni* に	*nu* ぬ	*ne* ね	*no* の
h	*ha* は	*hi* ひ	*fu* ふ	*he* へ	*ho* ほ
m	*ma* ま	*mi* み	*mu* む	*me* め	*mo* も
y	*ya* や		*yu* ゆ		*yo* よ
r	*ra* ら	*ri* り	*ru* る	*re* れ	*ro* ろ
w	*wa* わ	*(i)* (い)	*(u)* (う)	*(e)* (え)	*o* を
n	*n* ん				

Sonidos impuros

da だ	*ji* ぢ	*zu* づ	*de* で	*do* ど
ba ば	*bi* び	*bu* ぶ	*be* べ	*bo* ぼ
pa ぱ	*pi* ぴ	*pu* ぷ	*pe* ぺ	*po* ぽ

Sonidos semidiptongales

kya きゃ	*kyu* きゅ	*kyo* きょ	*sha* しゃ	*shu* しゅ	*sho* しょ	*cha* ちゃ	*chu* ちゅ	*cho* ちょ
nya にゃ	*nyu* にゅ	*nyo* にょ	*hya* ひゃ	*hyu* ひゅ	*hyo* ひょ	*mya* みゃ	*myu* みゅ	*myo* みょ
rya りゃ	*ryu* りゅ	*ryo* りょ	*gya* ぎゃ	*gyu* ぎゅ	*gyo* ぎょ	*ja* じゃ	*ju* じゅ	*jo* じょ
bya びゃ	byu びゅ	byo びょ	pya ぴゃ	pyu ぴゅ	pyo ぴょ			

Cuando se escribe や, ゆ, よ con minúsculas, cambian los sonidos de las vocales precedentes: きゃ, きゅ, きょ. Estas vocales acaban pronunciándose *kya, kyu, kyo,* y no *kiya, kiyu, kiyo*.

Cómo escribir en hiragana

Sonidos puros

あかい, *akai:* rojo
いし, *ishi:* piedra
うま, *uma:* caballo
あさ, *asa:* mañana
えき, *eki:* estación
ねこ, *neko:* gato

Sonidos impuros

Presentan dos pequeños puntos en la parte superior derecha de cada letra. Por ejemplo:

でんわ, *denwa:* teléfono
しんぶん, *shinbun:* periódico
だいがく, *daigaku:* universidad
どこ, *doko:* ¿dónde?

Sonidos semidiptongonales

Son los siguientes: や, ゆ, よ *(ya,yu,yo)* y se escriben con minúsculas. Al escribir estos caracteres se debe procurar que queden grafiados desde la mitad de la letra mayúscula hacia abajo, tal y como se muestra en los ejemplos: きゃ, きゅ, きょ.

ひゃく, *hyaku:* cien
でんしゃ, *densha:* tren
じむしょ, *jimusho:* oficina
きょねん, *kyonen:* año pasado

Sonidos especiales

っ *(tsu)* se pronuncia sin tener un sonido concreto, generando una pequeña pausa entre otras letras como si se saltase de una letra a otra. Se escribe repitiendo consonantes.

ざっし, *zasshi:* revista
きって, *kitte:* sello
あさって, *asatte:* pasado mañana
せっけん, *sekken:* jabón

Vocales largas

a) Alargan el sonido anterior: おかあさん, *okâsan:* madre; おにいさん, *onii-san:* hermano mayor; ちいさい, *chiisai:* pequeño.

b) Se escribe <ee> pero se pronuncia casi *ei*: せんせい, *sensee:* profesor; がくせい, *gakusee:* estudiante; けいと, *keeto:* lana; えいが, *eega:* película.

c) Cuando se alargan los siguientes sonidos: お *(o),* こ *(ko),* そ *(so),* と *(to),* の *(no),* ほ *(ho),* も *(mo),* よ *(yo),* ろ *(ro),* la mayoría de las palabras se tienen que escribir う *(u)* en lugar de お *(o)* En este caso, no se debe escribir おお *(oo),* sino おう *(ou)*. No obstante, su pronunciación será おお *(oo)* . Para alargar las vocales se escribe en rôma-ji <ô>, <â>, <û>, etc. en lugar de <oo>, <aa>, <uu>, etc. Veamos los siguientes ejemplos:

— おとうさん (padre): se transcribe *otousan*, pero se pronuncia *otôsan*;
— とうきょう, *Tôkyô:* Tokio;
— こうえん, *kôen:* parque;
— かようび, *kayôbi:* Martes;
— きのう, *kinô:* ayer.

d) Algunas palabras se escriben おお *(ô)* tal y como se pronuncia:

— おおきい, *ôkii:* grande;
— とおい, *tôi:* lejos;
— とおる, *tôru:* pasar;
— とおか, *tôka:* día diez /diez días.

A continuación, en las páginas siguientes, usted encontrará unos ejercicios para que pueda aprender a escribir los signos del hiragana.

a	あ
i	い
u	う
e	え
o	お

ka
か
ki
き
ku
く
ke
け
ko
こ

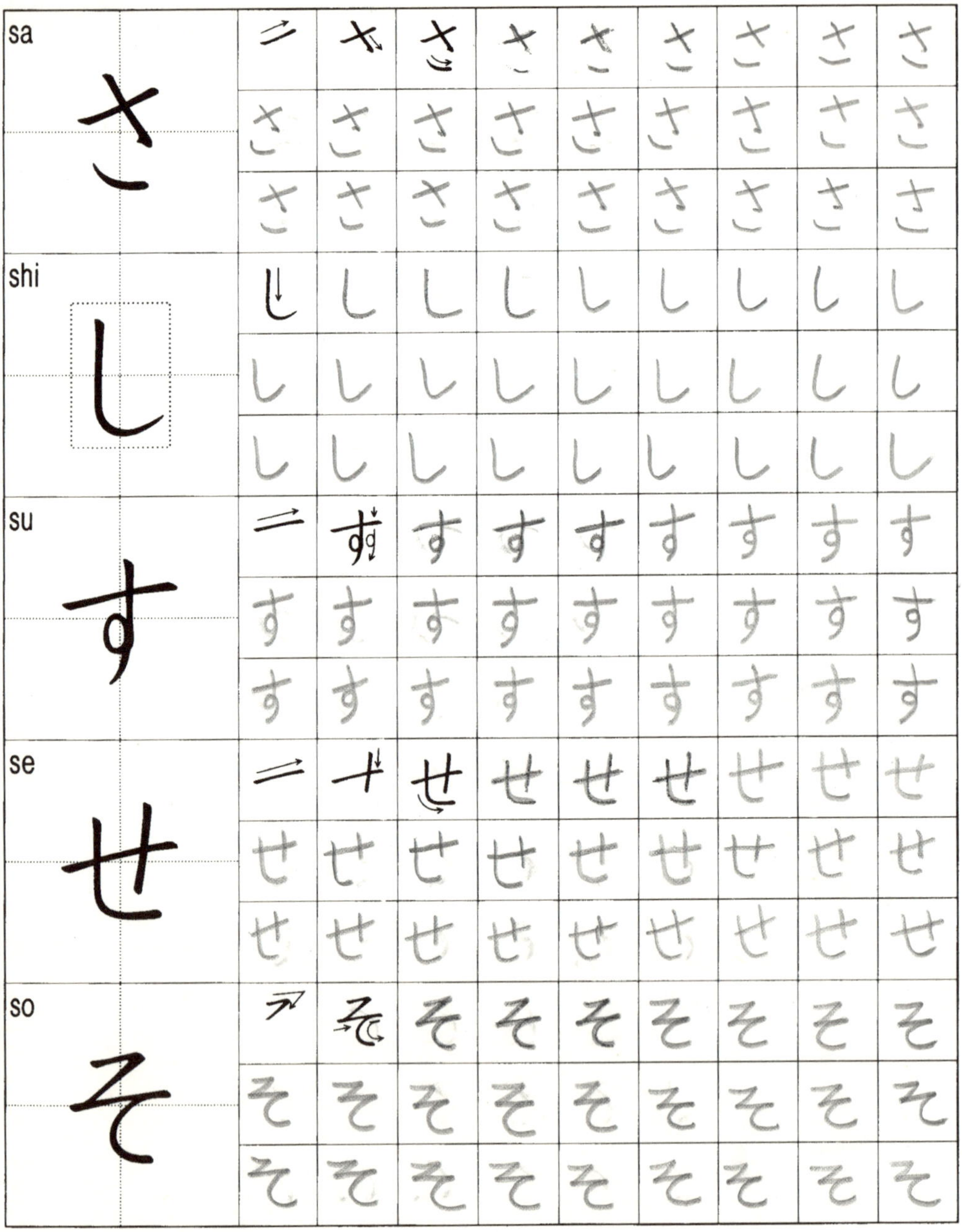
sa
さ
shi
し
su
す
se
せ
so
そ

ta た	一	け	た	た	た	た	た	た	た
chi ち	一	ち	ち	ち	ち	ち	ち	ち	ち
tsu つ	つ	つ	つ	つ	つ	つ	つ	つ	つ
te て	て	て	て	て	て	て	て	て	て
to と	ヽ	と	と	と	と	と	と	と	と

na	な
ni	に
nu	ぬ
ne	ね
no	の

ha
は
hi
ひ
fu
ふ
he
へ
ho
ほ

ma	ま
mi	み
mu	む
me	め
mo	も

ya や

yu ゆ

yo よ

ra	ら	ら	ら	ら	ら	ら	ら	ら	ら	ら
		ら	ら	ら	ら	ら	ら	ら	ら	ら
		ら	ら	ら	ら	ら	ら	ら	ら	ら
ri	り	り	り	り	り	り	り	り	り	り
		り	り	り	り	り	り	り	り	り
		り	り	り	り	り	り	り	り	り
ru	る	る	る	る	る	る	る	る	る	る
		る	る	る	る	る	る	る	る	る
		る	る	る	る	る	る	る	る	る
re	れ	れ	れ	れ	れ	れ	れ	れ	れ	れ
		れ	れ	れ	れ	れ	れ	れ	れ	れ
		れ	れ	れ	れ	れ	れ	れ	れ	れ
ro	ろ	ろ	ろ	ろ	ろ	ろ	ろ	ろ	ろ	ろ
		ろ	ろ	ろ	ろ	ろ	ろ	ろ	ろ	ろ
		ろ	ろ	ろ	ろ	ろ	ろ	ろ	ろ	ろ

wa わ

o を

n ん

ga	が	が	が
gi	ぎ		
gu	ぐ		
ge	げ		
go	ご		

za	ざ	ざ	ざ	ざ	ざ	ざ	ざ	ざ	ざ	ざ
		ざ	ざ	ざ	ざ	ざ	ざ	ざ	ざ	ざ
		ざ	ざ	ざ	ざ	ざ	ざ	ざ	ざ	ざ
ji	じ	じ	じ	じ	じ	じ	じ	じ	じ	じ
		じ	じ	じ	じ	じ	じ	じ	じ	じ
		じ	じ	じ	じ	じ	じ	じ	じ	じ
zu	ず	ず	ず	ず	ず	ず	ず	ず	ず	ず
		ず	ず	ず	ず	ず	ず	ず	ず	ず
		ず	ず	ず	ず	ず	ず	ず	ず	ず
ze	ぜ	ぜ	ぜ	ぜ	ぜ	ぜ	ぜ	ぜ	ぜ	ぜ
		ぜ	ぜ	ぜ	ぜ	ぜ	ぜ	ぜ	ぜ	ぜ
		ぜ	ぜ	ぜ	ぜ	ぜ	ぜ	ぜ	ぜ	ぜ
zo	ぞ	ぞ	ぞ	ぞ	ぞ	ぞ	ぞ	ぞ	ぞ	ぞ
		ぞ	ぞ	ぞ	ぞ	ぞ	ぞ	ぞ	ぞ	ぞ
		ぞ	ぞ	ぞ	ぞ	ぞ	ぞ	ぞ	ぞ	ぞ

da	だ	だ	だ	だ	だ	だ	だ	だ	だ	だ
		だ	だ	だ	だ	だ	だ	だ	だ	だ
		だ	だ	だ	だ	だ	だ	だ	だ	だ
ji	ぢ	ぢ	ぢ	ぢ	ぢ	ぢ	ぢ	ぢ	ぢ	ぢ
		ぢ	ぢ	ぢ	ぢ	ぢ	ぢ	ぢ	ぢ	ぢ
		ぢ	ぢ	ぢ	ぢ	ぢ	ぢ	ぢ	ぢ	ぢ
zu	づ	づ	づ	づ	づ	づ	づ	づ	づ	づ
		づ	づ	づ	づ	づ	づ	づ	づ	づ
		づ	づ	づ	づ	づ	づ	づ	づ	づ
de	で	で	で	で	で	で	で	で	で	で
		で	で	で	で	で	で	で	で	で
		で	で	で	で	で	で	で	で	で
do	ど	ど	ど	ど	ど	ど	ど	ど	ど	ど
		ど	ど	ど	ど	ど	ど	ど	ど	ど
		ど	ど	ど	ど	ど	ど	ど	ど	ど

ba	ば	ば	ば	ば	ば	ば	ば	ば	ば	ば
		ば	ば	ば	ば	ば	ば	ば	ば	ば
		ば	ば	ば	ば	ば	ば	ば	ば	ば
bi	び	び	び	び	び	び	び	び	び	び
		び	び	び	び	び	び	び	び	び
		び	び	び	び	び	び	び	び	び
bu	ぶ	ぶ	ぶ	ぶ	ぶ	ぶ	ぶ	ぶ	ぶ	ぶ
		ぶ	ぶ	ぶ	ぶ	ぶ	ぶ	ぶ	ぶ	ぶ
		ぶ	ぶ	ぶ	ぶ	ぶ	ぶ	ぶ	ぶ	ぶ
be	べ	べ	べ	べ	べ	べ	べ	べ	べ	べ
		べ	べ	べ	べ	べ	べ	べ	べ	べ
		べ	べ	べ	べ	べ	べ	べ	べ	べ
bo	ぼ	ぼ	ぼ	ぼ	ぼ	ぼ	ぼ	ぼ	ぼ	ぼ
		ぼ	ぼ	ぼ	ぼ	ぼ	ぼ	ぼ	ぼ	ぼ
		ぼ	ぼ	ぼ	ぼ	ぼ	ぼ	ぼ	ぼ	ぼ

pa	ぱ
pi	ぴ
pu	ぷ
pe	ぺ
po	ぽ

Katakana

Sonidos puros

	a	*i*	*u*	*e*	*o*
	ア	イ	ウ	エ	オ
k	*ka*	*ki*	*ku*	*ke*	*ko*
	カ	キ	ク	ケ	コ
s	*sa*	*shi*	*su*	*se*	*so*
	サ	シ	ス	セ	ソ
t	*ta*	*chi*	*tsu*	*te*	*to*
	タ	チ	ツ	テ	ト
n	*na*	*ni*	*nu*	*ne*	*no*
	ナ	ニ	ヌ	ネ	ノ
h	*ha*	*hi*	*fu*	*he*	*ho*
	ハ	ヒ	フ	ヘ	ホ
m	*ma*	*mi*	*mu*	*me*	*mo*
	マ	ミ	ム	メ	モ
y	*ya*		*yu*	*yo*	
	ヤ		ユ	ヨ	
r	*ra*	*ri*	*ru*	*re*	*ro*
	ラ	リ	ル	レ	ロ
w	*wa*	*(i)*	*(u)*	*(e)*	*o*
	ワ	(イ)	(ウ)	(エ)	ヲ
n	*n*				
	ン				

Sonidos impuros

ga	*gi*	*gu*	*ge*	*go*
ガ	ギ	グ	ゲ	ゴ
za	*ji*	*zu*	*ze*	*zo*
ザ	ジ	ズ	ゼ	ゾ
da	*ji*	*zu*	*de*	*do*
ダ	ヂ	ヅ	デ	ド
ba	*bi*	*bu*	*be*	*bo*
バ	ビ	ブ	ベ	ボ
pa	*pi*	*pu*	*pe*	*po*
ぱ	ぴ	ぷ	ぺ	ぽ

Sonidos especiales

kya	*kyu*	*kyo*	*sha*	*shu*	*sho*	*cha*	*chu*	*cho*
キャ	キュ	キョ	シャ	シュ	ショ	チャ	チュ	チョ
nya	*nyu*	*nyo*	*hya*	*hyu*	*hyo*	*mya*	*myu*	*myo*
ニャ	ニュ	ニョ	ヒャ	ヒュ	ヒョ	ミャ	ミュ	ミョ
rya	*ryu*	*ryo*	*gya*	*gyu*	*gyo*	*ja*	*ju*	*jo*
リャ	リュ	リョ	ギャ	ギュ	ギョ	ジャ	ジュ	ジョ
bya	*byu*	*byo*	*pya*	*pyu*	*pyo*			
ビャ	ビュ	ビョ	ピャ	ピュ	ピョ			

En el aprendizaje del sistema de escritura katakana, debemos memorizar los siguientes signos, ya que su parecido puede ocasionar errores tanto en la lectura como en la escritura:

シ	ツ	ソ	ン
shi	*tsu*	*so*	*n*

コ	ヨ	ユ	エ
ko	*yo*	*yu*	*e*

ウ	ワ	ク	タ
u	*wa*	*ku*	*ta*

Cómo escribir en katakana

El katakana se utiliza principalmente para transcribir aquellas palabras de origen extranjero que presentan una fonética parecida a la japonesa.

SONIDOS PUROS E IMPUROS

1. ネクタイ, *nekutai:* corbata (del inglés *necktie*)
2. ミルク, *miruku:* leche (del inglés *milk*)
3. スペイン, *supein:* España (del inglés *Spain*)
4. ワイン, *wain:* vino (del inglés *wine*)
5. ブラジル, *burajiru:* Brasil
6. バス, *basu:* autobús (del inglés *bus*)

7. ラジオ, *rajio:* radio (del inglés *radio*)
8.テレビ, *terebi:* televisión (del inglés *television*)

Vocales largas
Para transcribir la vocal larga se usa el mismo sistema que en hiragana, es decir, en lugar de poner una vocal después de la letra, se coloca una marca, <—>, generalmente horizontal, aunque también puede ser vertical.

Hiragana: おかあさん	*okâsan* (madre)
Katakana: オカーサン	*okâsan* (madre)

Cambia la grafía, pero la fonética es la misma en los dos sistemas de escritura:
1. タクシー, *takushii:* taxi
2. ビール, *bîru:* cerveza (del inglés *beer*)
3. コーヒー, *kôhî:* café
4. テーブル, *têburu:* mesa (del inglés *table*)

Consonantes dobles
El procedimiento es el mismo que en hiragana:
1.ベッド, *deddo:* cama (del inglés *bed*)
2. スイッチ, *suitchi:* interruptor (del inglés *switch*)
3. サッカー, *sakkâ:* fútbol (del inglés *soccer*)
4. カセット, *kasetto:* cassette (del francés *cassette*)

Sonidos semidiptongales
El procedimiento es el mismo que en hiragana:
1. ニュース, *nyûsu:* noticia (del inglés *news*)
2. シャツ, *shatsu:* camisa (del inglés *shirt*)
3. チョコレート, *chokorêto:* chocolate
4. シャワー, *shawâ:* ducha (del inglés *shower*)

A continuación, en las páginas siguientes, usted encontrará unos ejercicios para que pueda aprender a escribir los signos del hiragana.

a	ア
i	イ
u	ウ
e	エ
o	オ

ka
カ
ki
キ
ku
ク
ke
ケ
ko
コ

sa	サ
shi	シ
su	ス
se	セ
so	ソ

ta	タ
chi	チ
tsu	ツ
te	テ
to	ト

na	ナ
ni	ニ
nu	ヌ
ne	ネ
no	ノ

ha	ハ
hi	ヒ
fu	フ
he	ヘ
ho	ホ

ma
マ
mi
ミ
mu
ム
me
メ
mo
モ

ya	ヤ
yu	ユ
yo	ヨ

ra ラ	一	ラ	ラ	ラ	ラ	ラ	ラ	ラ	ラ
	ラ	ラ	ラ	ラ	ラ	ラ	ラ	ラ	ラ
	ラ	ラ	ラ	ラ	ラ	ラ	ラ	ラ	ラ
ri リ	|	リ	リ	リ	リ	リ	リ	リ	リ
	リ	リ	リ	リ	リ	リ	リ	リ	リ
	リ	リ	リ	リ	リ	リ	リ	リ	リ
ru ル	ノ	ル	ル	ル	ル	ル	ル	ル	ル
	ル	ル	ル	ル	ル	ル	ル	ル	ル
re レ	レ	レ	レ	レ					
ro ロ	|	ㄱ	ロ	ロ	ロ	ロ			

wa ワ	ワ	ワ	ワ	ワ		
o ヲ	ニ	ニ	ヲ	ヲ	ヲ	ヲ
n ン	ヽ	ン	ン	ン	ン	

ga	ガ	ガ	ガ
gi	ギ		
gu	グ		
ge	ゲ		
go	ゴ		

za ザ									
ji ジ									
zu ズ									
ze ゼ									
zo ゾ									

da ダ										
ji ヂ										
zu ヅ										
de デ										
do ド										

ba バ									
bi ビ									
bu ブ									
be ベ									
bo ボ									

pa パ	パ
pi ピ	
pu プ	
pe ペ	
po ポ	

Niveles y registros de la lengua. Formas coloquiales y cultas

Normalmente, en la lengua oral se utilizan dos registros: uno coloquial y otro culto o de cortesía. En el seno de cada uno de ellos existen otros más especializados que se utilizan sólo en situaciones específicas. Aunque se hablará de ellas en capítulos posteriores, no irá mal hacer algunas observaciones sobre ellas.

En el uso coloquial, se utilizan los verbos en su forma original, es decir, aquella que aparece en el diccionario. En el culto, sin embargo, se utilizan los verbos conjugados de otra manera, flexionándolos con unos morfemas especiales, como 〜です *(-desu)*, 〜ます *(-masu)*, y otros menos frecuentes.

Por lo general, los estudiantes de japonés comienzan por aprender las formas de cortesía por ser la variedad estándar de la lengua y que, por lo tanto, se puede utilizar en cualquier circunstancia y con cualquier persona. No obstante, debemos tomar precauciones a la hora de utilizar este registro o parecerá que estamos presentando un parte de noticias, cuando en realidad sólo hablamos con nuestro vecino. Quizá por esta razón, los japoneses prefieren utilizar el lenguaje coloquial para dirigirse a sus amigos o familiares, y limitar el uso del lenguaje estándar sólo en aquellos casos en que deben hablar con personas mayores, desconocidos, o en las reuniones y lugares oficiales. Al no haber ninguna norma, podemos hablar de la forma que mejor nos convenga. Aparte de estas variedades, y como en otras muchas lenguas, será necesario aprender algunas formas coloquiales y frases hechas que se utilizan con frecuencia.

Apuntes gramaticales

Examinaremos, a continuación, algunos de los aspectos más importantes de la gramática japonesa.

Estructura de la frase

Se caracteriza por seguir el orden SUJETO – OBJETO – VERBO.

Esto	libro	es
これは	ほん	です
Kore-wa	*hon*	*desu*

Artículos y flexión de los nombres

No existen los artículos y tampoco existe la flexión de género ni de número.

Partículas

Existen una serie de partículas compuestas de uno o más signos en hiragana. No tienen significado en sí y se añaden siempre detrás de la palabra. Algunas de ellas coinciden con las preposiciones del español.

Adjetivos

Existen dos tipos de adjetivos, uno de los cuales se conjuga como los verbos.

Sufijos numerales

Hay una completa serie de sufijos numerales específicos para cada tipo de objeto. Cuando se cuentan cosas largas, cosas finas, cosas del tamaño de un libro, aparatos y máquinas, casas, plantas de pisos, animales, gente, etc., en todos estos casos se pone un sufijo numeral que corresponde a cada objeto y que acompaña al número.

Los verbos

Cada verbo tiene dos formas, que corresponden al lenguaje normal y al lenguaje formal, y cada una se conjuga de cuatro maneras diferentes: presente afirmativo, presente negativo, pasado afirmativo y pasado negativo. En japonés, el tiempo futuro no existe, sino que se utiliza el presente.

La conjugación del verbo auxiliar です (*desu;* «ser» en español) es la siguiente:

CONJUGACIÓN NORMAL

	presente	pasado
afirmativo	～だ *da*	～だった *datta*
negativo	～では（じゃ）ない *dewa (ja) nai*	～では（じゃ）なかった *dewa (ja) nakatta*

CONJUGACIÓN FORMAL

	presente	pasado
afirmativo	～です *desu*	～でした *deshita*
negativo	～では（じゃ）ありません *dewa (ja) arimasen*	～では（じゃ）ありませんでした *dewa (ja) arimasendeshita*

Para aprender japonés, es muy importante saber cómo se utilizan los verbos. La conjugación no es muy complicada ya que sólo existen dos tiempos verbales, el presente y el pasado —el futuro se expresa como el presente—, aunque existen construcciones gramaticales que permiten matizar el sentido. Otro aspecto que simplifica el aprendizaje de las formas verbales es que estas carecen de personas, es decir, las personas primera, segunda y tercera del singular y del plural se expresan del mismo modo. Únicamente, debemos tener presente que existen dos formas distintas con la misma significación, una correspondiente al lenguaje normal o familiar y otra referente al lenguaje formal o estándar. *Normal* es la forma del verbo que aparece en el diccionario y se corresponde con la forma del infinitivo en español; *formal* es la forma ～ます *(-masu),* que aparece en el cuadro.

Seguidamente, se muestran las principales formas verbales, las cuales, una vez aprendidas, nos ayudarán a construir varios modos de expresión. Más adelante se explicarán las conjugaciones, etc. Los verbos se clasifican en tres grupos, relacionándolos con diversos casos concretos.

GRUPO I, グループ *(ICHI-GURÛPU)*

Los verbos que pertenecen a este grupo presentan las siguientes terminaciones:

〜う, *-u*	〜つ, *-tsu*	〜る, *-ru*
〜く, *-ku*	〜む, *-mu*	〜ぶ, *-bu*
〜す, *-su*	〜ぬ, *-nu*	〜ぐ, *-gu*

La forma て *(te)* del grupo I es la que cuesta más de aprender. Cuando aparezca en la lección correspondiente la veremos con detalle.

	Forma diccionario	Forma 〜ます **-masu**	Forma 〜ない **- nai**	Forma 〜て **- te**
1.	かく *kaku*	かきます *kakimasu*	かかない *kakanai*	かいて *kaite*
2.	はなす *hanasu*	はなします *hanshimasu*	はなさない *hanasanai*	はなして *hanashite*
3.	たつ *tatsu*	たちます *tachimasu*	たたない *tatanai*	たって *tatte*
4.	かう *kau*	かいます *kaimasu*	かかない *kakanai*	かって *katte*
5.	きる *kiru*	きります *kirimasu*	きらない *kiranai*	きって *kitte*
6.	ある *aru*	あります *arimasu*	*ない *nai*	あって *atte*
7.	よむ *yomu*	よみます *yomimasu*	よまない *yomanai*	よんで *yonnde*
8.	あそぶ *asobu*	あそびます *asobimasu*	あそばない *asobanai*	あそんで *asonnde*
9.	いく *iku*	いきます *ikimasu*	いかない *ikanai*	*いって *itte*
10.	およぐ *oyogu*	およぎます *oyogimasu*	およがない *oyoganai*	およいで *oyoide*

1. escribir; 2. hablar; 3. levantarse; 4. comprar; 5. cortar; 6. haber/estar; 7. leer; 8. jugar; 9. ir; 10. nadar.

* Forma irregular.

GRUPO II, グループ (*NI-GURÛPU*)

Los verbos que pertenecen a este grupo terminan en 〜る *ru*, es decir que los que terminen en る *(ru)* están incluidos en los grupos I y II.

Forma diccionario	**Forma 〜ます -masu**	**Forma 〜ない - nai**	**Forma 〜て - te**
1. たべる *taberu*	たべます *tabemasu*	たべない *tabenai*	たべて *tabete*
2. みる *miru*	みます *mimasu*	みない *minai*	みて *mite*
3. おきる *okiru*	おきます *okimasu*	おきない *okinai*	おきて *okite*
4. ねる *neru*	ねます *nemasu*	ねない *nanai*	ねて *nete*
5. いれる *ireru*	いれます *iremasu*	いれない *irenai*	いれて *irete*
6. いる *iru*	います *imasu*	いない *inai*	いて *ite*
7. おりる *oriru*	おります *orimasu*	おりない *orinai*	おりて *orite*

1. comer; 2. ver/mirar; 3. levantarse; 4. acostarse; 5. poner (dentro); 6. estar (personas y animales); 7. bajar.

GRUPO III, グループ (*SAN-GURÛOU*)

Este grupo está formado por dos verbos irregulares.

Forma diccionario	**Forma 〜ます -masu**	**Forma 〜ない -nai**	**Forma 〜て -te**
1. する *suru*	します *shimasu*	しない *shinai*	して *shite*
2. くる *kuru*	きます *kimasu*	こない *konai*	きて *kite*

1. hacer; 2. venir.

Ejercicios（練習問題）

Ejercicio 1

Escriba en hiragana las siguientes palabras:

1. uma (caballo):
2. tori (pájaro):
3. aoi (azul):
4. chiisai (pequeño):
5. yama (montaña):
6. mizu (agua):
7. kawa (río):
8. tsukue (pupitre):
9. isu (silla):
10. enpitsu (lápiz):
11. kinô (ayer):
12. satô (azúcar):
13. hikôki (avión):
14. suiyôbi (miércoles):
15. mokuyôbi (jueves):
16. eiga (película):
17. ringo (manzana):
18. ichigatsu (enero):
19. zasshi (revista):
20. mado (ventana):
21. kitte (sello):
22. kyô (hoy):
23. jisho (diccionario):
24. densha (tren):
25. jitensha (bicicleta):
26. gakkô (escuela):
27. byôki (enfermo):
28. asobu (jugar):
29. taberu (comer):
30. kakeru (volver):
31. hataraku (trabajar):
32. oyogu (nadar):
33. kau (comprar):
34. arau (lavar):
35. kiku (escuchar):
36. hanasu (hablar):
37. miru (ver/mirar):
38. yomu (leer):
39. hashiru (correr):
40. aruku (andar):
41. akeru (abrir):
42. yasumu (descansar):
43. neru (acostar):
44. owaru (acabar):
45. matsu (esperar):
46. yobu (llamar):
47. ugoku (mover):
48. oshieru (enseñar):
49. ageru (dar):
50. morau (recibir):
51. osu (empujar):
52. kaku (escribir):
53. kesu (apagar):
54. sawaru (tocar):

Ejercicio 2

Escriba en katakana las siguientes palabras:

1. kamera (cámera):
2. kurasu (clase):
3. hamu (jamón):
4. naifu (cuchillo):
5. tomato (tomate):
6. nekutai (corbata):
7. banana (plátano):
8. doa (puerta):
9. kôhî (café):
10. shawâ (ducha):
11. pâtî (fiesta):
12. pen (pluma):
13. fôku (tenedor):
14. raitâ (encendedor):
15. aisukurîmu (helado):
16. chokorêto (chocolate):
17. pasupôto (pasaporte):
18. beddo (cama):
19. baiorin (violín):
20. têburu (mesa):
21. kâten (cortina):
22. batâ (mantequilla):
23. gasorin (gasolina):
24. jûsu (zumo):
25. karendâ (calendario):
26. shatsu (camisa):
27. koppu (taza):
28. arubaito (*trabajo temporal):
29. resutoran (restaurante):
30. erebêtâ (ascensor):
31. eskarêtâ (escalera mecánica):
32. menyû (menú):
33. sûpu (sopa):
34. matchi (cerilla):
35. sêtâ (jersey):

* palabra de origen alemán

Ejercicio 3

¿Qué países y ciudades son los que aparecen a continuación?

1. アメリカ:......................
2. フランス:......................
3. オランダ:......................
4. チリ:......................
5. ブエノスアイレス:......................
6. インド: ....
7. カサブランカ:......................
8. バンクーバー:......................
9. パキスタン: ....
10. フィリピン: ....

11. アルゼンチン: ....
12. メキシコ: ....
13. スエーデン: ....
14. ポルトガル: ....
15. エチオピア: ....
16. バンコク: ....
17. モロッコ: ....
18. フィンランド: ....
19. ジュネーブ: ....
20. オーストラリア: ....
21. シンガポール: ....
22. リオデジャネイロ: ....
23. ニューヨーク: ....
24. テキサス: ....
25. ベトナム: ....
26. ヨーロッパ: ....
27. バルセロナ: ....
28. ヨルダン: ....
29. リスボン: ....
30. カリフォルニア: ....
31. コペンハーゲン: ....
32. ドイツ: ....
33. セビリャ: ....
34. ナイジェリア: ....
35. ミュンヘン: ....
36. ロサンゼルス: ....
37. マルセーユ: ....
38. ロンドン: ....
39. ニューデリー: ....
40. マドリッド: ....
41. マイアミ: ....
42. インドネシア: ....
43. アルゼンチン: ....
44. シアトル: ....
45. エジプト: ....
46. ルクセンブルグ: ....
47. スペイン: ....
48. オポルト: ....
49. ワシントン: ....
50. ボリビア: ....
51. イスラエル: ....
52. サウジアラビア: ....
53. バグダッド: ....
54. ベニス: ....
55. ジュネーブ: ....
56. ポーランド: ....
57. ストックホルム: ....
58. ニュージーランド: ....
59. ジャカルタ: ....
60. モスクワ: ....

Lección 1

El saludo

あいさつのことば, *(aisatsu no kotoba)*

Diálogo（本文）

ホセ：はじめまして。わたしは　ホセです。どうぞよろしく。
はやし：わたしは　はやしです。どうぞよろしく。
ホセ：あなたは　にほんじん　ですか。
はやし：はい、わたしは　にほんじんです。あなたは　フランスじんですか。
ホセ：いいえ、わたしは　フランスじんではありません。スペインじんです。

Hose: *Hajimemashite. Watashi wa Hose desu. Dôzo yoroshiku.*
Hayashi: *Watashi wa Hayashi desu. Dôzo yoroshiku.*
Hose: *Anata wa nihon-jin desu ka.*
Hayashi: *Hai, watashi wa nihon-jin desu. Anata wa furansu-jin desu ka.*
Hose: *Iie, watashi wa furansu-jin dewa arimasen. Supein-jin desu.*

José: Encantado de conocerle. Me llamo José. Mucho gusto.
Hayashi: Me llamo Hayashi, igualmente.
José: ¿Es usted japonesa?
Hayashi: Sí, soy japonesa. ¿Es usted francés?
José: No, no soy francés. Soy español.

Gramática（文法）

Formas de saludo

おはようございます。	*Ohayô gozaimasu.*	Buenos días.
こんにちは。	*Kon'nichiwa.*	Buenas tardes.
こんばんは。	*Konbanwa.*	Buenas noches.
おやすみなさい。	*Oyasuminasai.*	Buenas noches (al irse a dormir).
おげんきですか。	*Ogenki desu ka.*	¿Cómo está?
はい、げんきです。	*Hai, genki desu.*	Estoy bien.
*はい、おかげさまで。	*Hai, okagesamade.*	Bien, gracias.
はじめまして。	*Hajimemashite.*	Mucho gusto.
たなか　です。	*Tanaka desu.*	Soy Tanaka.
どうぞよろしく。	*Dôzo yoroshiku.*	Encantado.
こちらこそ。	*Kochira koso.*	El gusto es mío.
いってまいります。	*Ittemairimasu.*	(Despedida al salir de casa).
いってきます。	*Ittekimasu.*	(Despedida al salir de casa).
いってらっしゃい。	*Itterasshai.*	(Contestación).
ただいま。	*Tadaima.*	(Saludo al volver a casa).
おかえりなさい。	*Okaerinasai.*	(Contestación).
ありがとうございます。	*Arigatô gozaimasu.*	Gracias.
どういたしまして。	*Dô itashimashite.*	De nada.
おねがいします。	*Onegaishimasu.*	Por favor (al pedir).
どうぞ。	*Dôzo.*	Por favor (al ofrecer).
ごめんなさい。	*Gomennasai.*	Perdón.
すみません。	*Sumimasen.*	Lo siento.
*しつれいします。	*Shitsureishimasu.*	Con permiso.
さよなら／さようなら	*Sayonara / Sayônara.*	Adiós.

では／じゃ、また。	*Dewa / Ja, mata.*	Hasta la vista.
おめでとうございます。	*Omedetô gozaimasu.*	Felicidades.
いただきます。	*Itadakimasu.*	(Saludo al empezar a comer.)
ごちそうさま。	*Gochisôsama.*	(Saludo al terminar de comer.)
ごめんください。	*Gomenkudasai.*	(Saludo a un huesped.)
いらっしゃいませ。	*Irasshaimase.*	Bienvenidos.
おだいじに。	*Odaijini.*	Que se mejore.
どうも。	*Dômo.*	Adiós.

Cuando se utilicen estas expresiones debe tenerse en cuenta el contexto de cada situación. Veamos a continuación algunas cuestiones que conviene recordar en todo momento:

おかげさまで **(okagesamade)**

Se utiliza en el saludo como un equivalente de nuestra expresión «bien, gracias». Su significado real, sin embargo, más o menos vendría a equivaler a la expresión «gracias a Dios».

しつれい **(shitsurei)**

Si utilizamos la forma *shitsurei* aisladamente, su significado denota descortesía y falta de educación. しつれいします *(shitsureishimasu)*, en cambio, equivale a una disculpa.

どうも **(dômo)**

Dômo es una palabra utilizada como saludo que tiene una amplia y variada significación. Según la situación puede traducirse como «gracias», «adiós» u «hola». En cambio, cuando se dice どうもありがとうございます *(dômo arigatô gozaimasu)* o どうもすみません *(dômo sumimasen)*, se está formulando un agradecimiento de forma cortés.

Otras expresiones útiles

おまたせしました。	*Omatase shimashita.*	Siento haberle hecho esperar.
おまちどうさま／でした。	*Omachidôsama/deshita.*	Siento haberle hecho esperar.
ひさしぶりですね。	*Hisashiburi desu ne.*	Cuánto tiempo sin verle.
しばらくですね。	*Shibaraku desu ne.*	Cuánto tiempo sin verle.
おそくなりました。	*Osoku narimashita.*	Siento haber llegado tarde.
ちょっとまってください。	*Chotto matte kudasai.*	Espere un momento.
*ごくろうさま／でした。	*Gokurôsama/deshita.*	Gracias por su trabajo.

* Forma de agradecer el trabajo de una persona.

Ejercicios （練習問題）

Escriba en rôma-ji las formas de saludo adecuadas para cada una de las situaciones cotidianas que seguidamente se expresan:

1. Al encontrarse con alguien a las nueve de la mañana: ....
2. Cuando debamos agradecer algo: ....
3. Cuando se empieza a comer: ....
4. Cuando se acaba de comer: ....

5. Cuando se despide a un enfermo: ....
6. Para pedir algo: ....
7. Para ofrecer algo: ....
8. La expresión «de nada»: ....
9. Cuando se va a la cama
   por la noche: ....
10. Mucho gusto, encantado: ....
11. El gusto el mío: ....
12. Adiós: ....
13. Hasta la vista: ....
14. Perdón / lo siento: ....
15. Cuando se encuentra gente
    por la noche: ....
16. Cuando se encuentra gente
    al mediodía o por la tarde: ....
17. Para preguntar «¿cómo está?»: ....
18. Para contestar que se está bién: ....
19. Bienvenidos: ....
20. Para felicitar: ....
21. Cuando se entra en una reunión: ....
22. Cuando se entra en casa de alguien: ....

Lección 2

¿Qué es esto?
これはなんですか (kore wa nan desu ka)

Diálogo （本文）

Diálogo 1

アナ：すみません、これは　なんですか。
やまだ：ああ、それは　えいごの　しんぶんです。
アナ：そうですか。いつの(しんぶん)ですか。きょうのですか、　きのうのですか。
やまだ：おとといのです。

Ana: *Sumimasen, kore wa nan desu ka.*
Yamada: *Aa, sore wa eigo no shinbun desu.*
Ana: *Sô desu ka. Itsu no shinbun desu ka. Kyô no desu ka, kinô no desu ka.*
Yamada: *Ototoi no desu.*

Ana: Disculpa, ¿qué es esto?
Yamada: Ah, es un periódico inglés.
Ana: Ah, sí. ¿El periódico, de cuándo es? ¿De hoy o de ayer?
Yamada: Es de anteayer.

Diálogo 2

アナ：これは　あなたの　本ですか。
やまだ：はい、そうです。
アナ：これも　あなたの　ですか。
やまだ：いいえ、ちがいます。（いいえ、わたしのではありません）
アナ：では、だれの　ですか。
やまだ：それは　さいとうさんの　です。

Ana: *Kore wa anata no hon desu ka.*
Yamada: *Hai, sô desu.*
Ana: *Kore mo anata no desu ka.*
Yamada: *Iie, chigaimasu. [Iie, watashi no dewa arimasen.]*
Ana: *Dewa, dare no desu ka.*
Yamada: *Sore wa Saitô-san no desu.*

Ana: ¿Es este su libro?
Yamada: Sí, así es. [Sí, es mío.]
Ana: ¿Este también es suyo?
Yamada: No, no lo es.
Ana: Entonces, ¿de quién es?
Yamada: Es del Sr. Saitô.

Diálogo 3

アナ：この　くるまは　だれの　ですか。
やまだ：その　くるまは　かとうさんの　です。

Ana: *Kono kuruma wa dare no desu ka.*
Yamada: *Sono kuruma wa Katô-san no desu.*

Ana: ¿De quién es este coche?
Yamada: Este coche es del Sr. Katô.

Gramática (文法)

La estructura de la oración

Como ya vimos en la primera lección, el orden de los sintagmas en japonés es SUJETO – OBJETO – VERBO. En la oración siguiente, observe cómo el verbo auxiliar ser *(desu)* aparece en el último lugar:

Esto	un periódico	es
これは	しんぶん	です
Kore wa	*shinbun*	*desu*

は (wa)

Se trata de una partícula que indica el tema o el sujeto de la frase. En realidad este signo en hiragana es は *(ha),* pero se pronuncia わ *(wa)* cuando hace la función de partícula. En español su traducción sería «en cuanto a».

Las oraciones interrogativas

か (ka)

Añadiendo か *(ka)* al final de las oraciones se construye la forma interrogativa.
これは　あなたの　です　か。
Kore wa anata no desu ***ka.***
¿Esto es suyo?

これは　なん　です　か。
Kore wa nan desu ***ka.***
¿Qué es esto?

なん／なに *(nan / nani)* significan «¿qué?». Delante de <d> y <t> se pronuncia なん *(nan)*. Por ejemplo: なんですか, *nan desu ka* («¿qué es?»).

です (desu)

En español corresponde al verbo «ser». En cuanto a su pronunciación, hay que tener en cuenta que la <u> es muda, por lo que se pronuncia [dés].

～の (no)

Se trata de una postposición o sufijo posesivo.

— わたし, *watashi:* yo. わたしの, *watashi no:* mío.
— きょうの しんぶん, *kyô no shinbun:* el periódico de hoy.

も (mo)

Es otra partícula que en español se corresponde con el adverbio «también».

— わたしも, *watashi mo:* yo también.
— きのうも, *kinô mo:* ayer también.

La afirmación y la negación

わたしは　日本人　です。 *Watashi wa nihon-jin desu.* Soy japonés.
わたしは　日本人　では（じゃ）ありません。 *Watashi-wa nihon-hi dewa (ja) arimasen.* No soy japonés.

Para la construcción de oraciones negativas, en japonés se utiliza generalmente la forma じゃ*(ja)* antes que では *(dewa).*

También existen otras formas gramaticales que expresan negación como, por ejemplo, ない *(nai)* que significa literalmente «no hay», y que acompañada con otra palabra se utiliza para la construcción de frases negativas. La forma ない *(nai)* es demasiado coloquial, pero existe otra forma complementaria, ないです *(nai desu),* mucho más formal. Por lo tanto, la oración negativa mostrada anteriormente se puede escribir también de la siguiente manera:

わたしは　日本人　じゃないです。
Watashi wa nihon-jin ja nai desu.
No soy japonés.

No obstante, la forma hablada más usual es la siguiente:

あなたはスペイン人ですか *(anata wa supein-jin desu ka):* ¿Es usted español?
はい、そうです *(hai, sô desu):* Sí, así es.
いいえ、ちがいます *(iie, chigaimasu):* No, así no.

Los gentilicios

カルロス：すずきさん、あなたの　先生は　どなた　ですか。
すずき：わたしの　先生は　サントスさん　です。
カルロス：サントスさんは　フランス人　ですか。
すずき：いいえ、フランス人では（じゃ）ないです。ブラジル人です。あなたは？
カルロス：わたしは　スペイン人　です。２２さいの　がくせいです。

Karurosu: Suzuki-san, anata no sensei wa donata desu ka.
Suzuki: Watashi no sensei wa Santosu-san desu.
Karurosu: Santosu-san wa furansu-jin desu ka.
Suzuki: Iie, furansu-jin dewa (ja) nai desu. Burajiru-jin desu. Anata wa?
Karurosu: Watashi wa supein-jin desu. Nijûni-sai no gakusei desu.

Carlos: Sr. Suzuki, ¿quién es su profesor?
Suzuki: Mi profesor es el Sr. Santos.
Carlos: ¿El Sr. Santos es francés?
Suzuki: No, no es francés. Es brasileño. ¿Y usted?
Carlos: Soy español y estudiante de 22 años.

くに, ***kuni*** **país**	ひと, ***hito*** **gentilicio**	ことば, ***kotoba*** **idioma**
日本 *nihon* Japón	日本人 *nihon-jin* japonés	日本ご *nihon-go* japonés
フランス *furansu* *Francia*	フランス人 *furansu-jin* francés	フランスご *furansu-go* francés
ドイツ *doitsu* Alemania	ドイツ人 *doitsu-jin* alemán	ドイツご *doitsu-go* alemán
イギリス *igirisu* Inglaterra	イギリス人 *igirisu-jin* inglés	えいご * *eigo* inglés

* El idioma inglés ya tiene su propia expresión en japonés, por lo que no decimos イギリスご (igirisu-go).

Los pronombres demostrativos

これ	*kore*	este (a) / esto
それ	*sore*	ese (a) / eso
あれ	*are*	aquel (la) / aquello
どれ	*dore*	¿cuál?

Los adjetivos demostrativos

この　本	**kono** hon	**este** libro
その　本	**sono** hon	**ese** libro
あの　本	**ano** hon	**aquel** libro
どの　本	**dono** hon	¿**qué** libro?

〜さん (-san)

En japonés, el sufijo 〜さん *(-san)* equivale al español «señor» o «señora». Para referirnos a una persona adulta, siempre debe preceder al apellido.

Cuando queramos dirigirnos a los niños, siempre lo haremos por el nombre, añadiendo 〜ちゃん *(chan)*.

Los números japoneses, かず (kazu)

Los números japoneses *(kazu)* presentan ciertas particularidades respecto al español. Del uno al diez, tienen doble grafía y en algunos casos —como el del cuatro, el siete y el nueve— hasta tres grafías diferentes con una aplicación concreta cada una de ellas. Algunos números experimentan cambios fonéticos, por ejemplo, el trescientos, el seiscientos, el ochocientos, el tres mil, etc., tal y como explicamos seguidamente:

1	(一)	いち	*ichi*
2	(二)	に	*ni*
3	(三)	さん	*san*
4	(四)	し	*shi*
		よん	*yon*
5	(五)	ご	*go*
6	(六)	ろく	*roku*
7	(七)	なな	*nana*
		しち	*shichi*
8	(八)	はち	*hachi*
9	(九)	きゅう	*kyû*
		く	*ku*
10	(十)	じゅう	*jû*
11	(十一)	じゅういち	*jû-ichi*
12	(十二)	じゅうに	*jû-ni*
13	(十三)	じゅうさん	*jû-san*
14	(十四)	じゅうし	*jû-shi*
		じゅうよん	*jû-yon*
15	(十五)	じゅうご	*jû-go*
20	(二十)	にじゅう	*ni-jû*
30	(三十)	さんじゅう	*san-jû*
40	(四十)	よんじゅう	*yon-jû*
		しじゅう	*shi-jû*

70	（七十）	ななじゅう	*nana-jû*
		しちじゅう	*shichi-jû*
90	（九十）	きゅうじゅう	*kyû-jû*
100	（百）	ひゃく	*hyaku*
200	（二百）	にひゃく	*ni-hyaku*
300	（三百）	さんびゃく	*san-byaku*
400	（四百）	よんひゃく	*yon-hyaku*
500	（五百）	ごひゃく	*go-hyaku*
600	（六百）	ろっぴゃく	*roppyaku*
700	（七百）	ななひゃく	*nana-hyaku*
800	（八百）	はっぴゃく	*happyaku*
900	（九百）	きゅうひゃく	*kyû-hyaku*
1.000	（千）	せん	*sen*
2.000	（二千）	にせん	*ni-sen*
3.000	（三千）	さんぜん	*san-zen*
4.000	（四千）	よんせん	*yon-sen*
5.000	（五千）	ごせん	*go-sen*
6.000	（六千）	ろくせん	*roku-sen*
7.000	（七千）	ななせん	*nana-sen*
8.000	（八千）	はっせん	*hassen*
9.000	（九千）	きゅうせん	*kyu-sen*
10.000	（一万）	いちまん	*ichi-man*
100.000	（十万）	じゅうまん	*jû-man*
1.000.000	（百万）	ひゃくまん	*hyaku-man*
10.000.000	（千万）	せんまん	*sen-man*
3,5		さん てん ご	*san-ten-go*
0,26		れい てん に ろく	*rei-ten-ni-roku*
2/9		きゅう ぶん の に	*kyûbun no ni*
4/5		ご ぶん の よん	*go bun no yon*

Ejercicios (練習問題)

Ejercicio 1

Escriba en hiragana y rôma-ji las cifras que se dan a continuación:

1. tres — さん/ san
2. cinco ....
3. ocho ....
4. cuatro ....
5. siete ....
6. dos ....
7. seis ....
8. diez ....
9. noventa ....
10. treinta ....
11. veinte ....
12. cincuenta ....
13. sesenta y tres ....
14. setenta y ocho ....
15. treinta y uno ....
16. ochenta y cinco ....
17. cien ....
18. trescientos cinco ....
19. cuatrocientos dieciocho ....
20. seiscientos ....
21. quinientos cuarenta y dos ....
22. ochocientos treinta y uno ....

Ejercicio 2

Escriba el nombre del país, gentilicio o idioma que corresponda:

くに, ***kuni:*** **país**	ひと, ***hito:*** **gente**	ことば, ***kotoba:*** **idioma**
にほん *nihon*	1.	2. ....
スペイン *supein*	3.	4. ....
5.	ドイツ人 *doitsu-jin*	6. ....
7.	8.	えいご *eigo*

Ejercicio 3

Relacione cada palabra española con su correspondiente japonesa.
Ejemplo: yo = ... **d.**...... し: *watashi.*

1. periódico	....	a. おととい *ototoi*
2. hoy	....	b. せんせい *sensei*
3. ayer	....	c. あなた *anata*
4. profesor	....	d. わたし *watashi*
5. estudiante	....	e. いつ *itsu*
6. ¿quién?	....	f. だれ *dare*
7. ¿de qué?	....	g. しんぶん *shinbun*
8. ¿cuándo?	....	h. がくせい *gakusei*
9. usted	....	i. きょう *kyô*
10. anteayer	....	j. ほん *hon*
11. libro	....	k. だれの *dareno*
12. mío	....	l. わたしの: *watashi no*

Lección 3

¿Dónde está la estación?

えきはどこですか (eki wa doko desu ka)

Diálogo（本文）

かとう：すみません。ちかてつの
いりぐちは　どこ　ですか。
リカ：あの　スーパーの　ひだりに
ビルが　ありますね。
かとう：どれ　ですか。
リカ：ビルの　にかいに　きっさてん
が　あります。すぐ　わかりますよ。
かとう：どうも　ありがとうございま
す。
リカ：どういたしまして。

Katô: *Sumimasen. Chikatetsu no iriguchi wa doko ni arimasu ka.*
Rika: *Ano sûpâ no hidari ni biru ga arimasu ne.*
Katô: *Dore desu ka.*
Rika: *Biru no nikai ni kissaten ga arimasu. Sugu wakarimasu yo.*
Katô: *Dômo arigatô gozaimasu.*
Rika: *Dô itashimashite.*

Katô: Perdón, ¿dónde está la boca de metro?
Rika: A la izquierda de aquel supermercado hay un edificio, ¿verdad?
Katô: ¿Cuál es?
Rika: [La boca de metro se encuentra] en el segundo piso del mismo edificio al lado de la cafetería. La encontrará enseguida.
Katô: Muchas gracias.
Rika: De nada.

Gramática (文法)

Oraciones interrogativas

Las oraciones interrogativas adverbiales de lugar se pueden expresar de diversas maneras en japonés: podemos utilizar el verbo auxiliarです *(desu),* «ser», o también ありますy います*(arimasu* e *imasu),* que son los verbos «haber» y «estar», respectivamente.

ありますう *(arimasu)* se aplica a cosas e います *(imasu)* se aplica a personas y seres vivos. Veamos unos ejemplos:

～はどこですか (...wa doko desu ka)

とうきょうえきは　どこですか。
Tôkyô eki wa doko desu ka.
¿Dónde está la estación de Tokio?

（とうきょうえきは）あそこです。
(Tôkyô eki wa) asoko desu.
La estación de Tokio está allá.

ゆうびんきょくは　どこですか。
Yûbinkyoku wa doko desu ka.
¿Dónde está la oficina de correos?

えきの　となりです。
Eki no tonari desu.
Está al lado de la estación.

ほんやは　どこですか。
Hon-ya wa doko desu ka.
¿Dónde está la librería?

がっこうの　まえです。
Gakkô no mae desu.
Está enfrente de la escuela.

はなやは　どこですか。
Hanaya wa doko desu ka.
¿Dónde está la floristería?

こうえんの　うしろです。
Kôen no ushiro desu.
Está detrás del parque.

ペドロさんは　どこですか。
Pedoro-san wa doko desu ka.
¿Dónde está Pedro?

じむしょです。
Jimusho desu.
Está en la oficina.

ここは　どこですか。
Koko wa doko desu ka.
¿Dónde estamos?

びょういんです。
Byôin desu.
Estamos en el hospital.

Adverbios de lugar		
ここ	*koko*	aquí / este lugar
そこ	*soko*	ahí / ese lugar
あそこ	*asoko*	allí / aquel lugar
どこ	*doko*	¿dónde?

〜は　どこに　ありますか／いますか (wa doko ni arimasu ka / imasu ka)

Wa doko ni arimasu ka es otra forma de oración interrogativa adverbial de lugar que equivale a la expresión «¿dónde está ...?». En este tipo de construcción debe tenerse en cuenta que cuando se utilizan los verbos あります／います *(arimasu / imasu)*, «haber» y «estar», es necesario colocar la partícula に *(ni)* después de どこ*(doko)*, «dónde», para indicar el lugar en el que se desarrolla la acción. Debe prestarse mucha atención a las formas gramaticales どこにありますか／いますか *(doko ni arimasu ka / imasu ka)*; ambas significan «¿dónde está?», pero con la salvedad de que ありますか *(arimasu ka)* se aplica a cosas y いますか *(imasu ka)* se aplica a personas y otros seres vivos.

めがねと　とけいは　どこに　ありますか。
Megane to tokei wa doko ni arimasu ka.*
¿Dónde están las gafas y el reloj?

テーブルの　上に　あります。
Tieburu no ue ni arimasu.
Están encima de la mesa.

かばんは　どこに　ありますか。
Kaban wa doko ni arimasu ka.
¿Dónde está la maleta?

いすの　したに　あります。
Isu no shita ni arimasu.
Está debajo de la silla.

ホテルは　どこに　ありますか。
Hoteru wa doko ni arimasu ka.
¿Dónde está el hotel?

デパートの　右に　あります。
Depâto no migi ni arimasu.
Está a la derecha de los grandes almacenes.

マヌエルさんは　どこに　いますか。
Manueru-san wa doko ni imasuka.
¿Dónde está Manuel?

ともだちの　いえに　います。
Tomodachi no ie ni imasu.
Está en casa de su amigo.

あなたの　ねこは　どこに　いますか。
Anata no neko wa doko ni imasu ka.
¿Dónde está su gato?

はこの　中に　います。
Hako no naka ni imasu.
Está dentro de la caja.

*と *(to)* es la partícula para unir nombres, equivalente a «y» en español. No sirve para unir frases u oraciones.

Preposiciones de lugar		
上	*ue*	encima
前	*mae*	delante
中	*naka*	dentro
後ろ	*ushiro*	detrás
下	*shita*	debajo
横	*yoko*	al lado de
右	*migi*	a la derecha
となり	*tonari*	al lado (pegado)
左	*hidari*	a la izquierda
そば	*soba*	cerca

La locución ～に～があります (... ni ... ga arimasu)

Cuando la oración empieza por un complemento circunstancial de lugar o un adverbio de lugar, la partícula que acompaña al sujeto cambia por が *(ga)*. De esta forma, la partícula は *(wa)* queda reservada para una función de referencia, indicando más bien el tema. Literalmente, equivale más o menos a la construcción «en cuanto a». Así pues, en este tipo de oraciones es la partícula *ga* y no *wa* la que acompaña al sujeto.
La estructura gramatical se corresponde con la siguiente:
[LUGAR] HAY (o «está») [OBJETO].

テーブルの　上に　バナナが　あります。
Teburu no ue ni banana ga arimasu.
Encima de la mesa hay un plátano.

くるまの　うしろに　こどもが　います。
Kuruma no ushiro ni kodomo ga imasu.
Detrás del coche hay un niño.

デパートの　そばに　ぎんこうが　あります。
Depâto no soba ni ginkô ga arimasu.
Cerca de los grandes almacenes hay un banco.

でんわの　まえに　なにが　ありますか。
Denwa no mae ni nani ga arimasu ka.
¿Qúe hay delante del teléfono?

せんせいの　みぎに　だれか　います。
Sensei no migi ni dare ka imasu ka.
¿Qué hay a la derecha del profesor?

えきは　どこに　ありますか／どこですか。 *Eki wa doko ni arimasu ka / doko desu ka.*	¿Dónde está la estación?
ここに　あります。 *Koko ni arimasu.*	Está aquí.
ホセさんは　どこに　いますか／どこですか。 *Hose-san wa doko ni imasu ka.*	¿Dónde está José?
あそこに　います。あそこ　です。 *Asoko ni imasu. / Asoko desu.*	Está allí.
ここに　なにが　ありますか。 *Koko ni nani ga arimasu ka.*	¿Qué hay aquí?
あそこに　だれが　いますか。 *Asoko ni dare ga imasu ka.*	¿Quién está allí?

Ejercicios（練習問題）

Ejercicio 1

Complete las oraciones siguientes:

1. ゆうびんきょくは .... ですか。
   Yûbinkyoku wa .... desu ka.
   ¿Dónde está la oficina de correos?
   がっこう ....まえです。
   Gakkô .... mae desu.
   Está delante de la escuela.

2. たなかさんは .... いますか。
   Tanaka-san wa .... imasu ka.
   ¿Dónde está el Sr. Tanaka?
   .... しょ............... います。
   Jimusho .... imasu.
   Está en la oficina.

3. あなたの　めがねは　どこに ....
   Anata no megane wa doko ni ....
   ¿Dónde están sus gafas?
   テーブル .... 上に ....
   Têburu .... ue ni ....
   Están encima de la mesa.

4. いすの .... に　なにが　いますか。
   Isu no .... ni nani ga imasu ka.
   ¿Qué hay debajo de la silla?
   いぬ .... ねこが　います。
   Inu .... neko ga imasu.
   Hay un perro y un gato.

5. あべさんの　右に .... がいますか。
   Abe-san no migi ni .... ga imasu ka.
   ¿Quién está a la derecha del Sr. Abe?
   はしもとさん .... います。
   Hashimoto-san .... imasu.
   Está el Sr. Hashimoto.

6. こうえんの ....; *kôen no* ....; detrás de parque.
7. はこの ....; *hako no* ....; dentro de la caja.
8. ぎんこうの ....; *ginkô no* ....; al lado del banco.
9. ホテルの ....; *hoteru no* ....; cerca del hotel.
10. びょういんの ....; *byôin no* ....; a la izquierda del hospital.

Lección 4

Me levanto a las ocho
わたしは八じにおきます
(watashi wa hachi-ji no okimasu)

Diálogo（本文）

エバ：わたしは　まいあさ　八じに　おきます。やまださんは？
やまだ：わたしは　七じごろ　おきます。八じに　あさごはんを　たべて、八じはんに　うちを　でます。
エバ：やまださんのうちから、かいしゃまで三十ぷんですか。いいですね。
やまだ：あ、もうすぐ十二じ　ですよ。ひるごはんの　じかんです。しょくどうでひるごはんをたべましょう。

Eva: *warachi wa maiasa hachiji ni okimasu. Yamada-san wa?*
Yamada: *Watashi wa nanaji goro okimasu. Hachi-ji ni asagohan o tabete, hachi-ji han ni uchi o demasu.*
Eva: *Yamada-san no uchi kara, kaisha made sanjuppun desu ka. Ii desu ne.*
Yamada: *A, mô sugu jûni-ji desu yo. Hirugohan no jikan desu. Shokudô de hirugohan o tabemashô.*

Eva: Me levanto a las ocho todas las mañanas. ¿Y usted, Sr. Yamada?
Yamada: Me levanto sobre las siete. A las ocho desayuno y a las ocho y media salgo de casa.
Eva: De la casa del Sr. Yamada hasta la empresa se tardan treinta minutos; qué bien, ¿verdad?
Yamada: Ah, ya son las doce. Es la hora de comer. Vamos a comer en el comedor.

Gramática（文法）

いま　なんじ　ですか (ima nanji desu ka)

Ima nanji desu ka es la expresión japonesa que significa «¿qué hora es?». El sufijo じ *(ji)* se escribe después de la cifra y sirve para contabilizar las horas; ふん (fun) y ぷん (pun) son los sufijos utilizados para contabilizar los minutos.

Horas y minutos

1:00	いちじ	*ichi-ji*	1 min	いっぷん	*ippun*
2:00	にじ	*ni-ji*	2 min	にふん	*ni-fun*
3:00	さんじ	*san-ji*	3 min	さんぷん	*san-pun*
4:00	よじ	*yo-ji*	4 min	よんぷん	*yon-pun*
5:00	ごじ	*go-ji*	5 min	ごふん	*go-fun*
6:00	ろくじ	*roku-ji*	6 min	ろっぷん	*roppun*
7:00	ななじ しちじ	*nana-ji* *shichi-ji*	7 min	ななふん しちふん	*nana-fun* *shichi-fun*
8:00	はちじ	*hachi-ji*	8 min	はっぷん	*happun*
9:00	くじ	*ku-ji*	9 min	きゅうふん	*kyû-fun*
10:00	じゅうじ	*jû-ji*	10 min	じゅっぷん	*juppun*
11:00	じゅういちじ	*jû-chi-ji*			
12:00	じゅうにじ	*jûni-ji*			

1:30	いちじはん	*ichi-ji* ***han*** (la una **y media**)
4:30	よじはん	*yo-ji* ***han*** (las cuatro **y media**)
9:30	くじはん	*ku-ji* ***han*** (las nueve **y media**)
8:56	くじよんぷんまえ	*ku-ji yon-pun* ***mae*** (las nueve **menos** 4)
3:50	よじじゅっぷんまえ	*yo-ji juppun* ***mae*** (las cuatro **menos** 10)

A continuación, algunas frases de ejemplo:
わたしは　七じに　おきます。
Watashi wa shichi-ji ***ni*** *okimasu.*
Me levanto **a** las siete.

あなたは　まいばん　なんじに　ねますか。
Anata wa maiban nan-ji ***ni*** *nemasu ka.*
¿**A** qué hora se acuesta todas las noches?

十じごろ　ねます。
Jû-ji ***goro*** *nemasu.*
Me acuesto **sobre** las diez.

ひるごろ　うちを　でます。
Hiru ***goro*** *uchi o demasu.*
Salgo de casa **al** filo del mediodía.

五じから　六じまで　べんきょうします。
Go-ji ***kara*** *roku-ji* ***made*** *benkyô shimasu.*
Estudio **desde** las cinco **hasta** las seis.

うちから　えきまで　あるきます。
Uchi ***kara*** *eki* ***made*** *arukimasu.*
Ando **desde** casa **hasta** la estación.

なんじ　ですか	*Nan-ji* ***desu ka***	¿**Qué** hora **es**?
なんじ　に	*Nan-ji* ***ni***	¿**A** qué hora…?
なんじ　ごろ	*Nan-ji* ***goro***	¿**Sobre** qué hora?
なんじ　から	*Nan-ji* ***kara***	¿**Desde** qué hora?
なんじ　まで	*Nan-ji* ***made***	¿**Hasta** qué hora?

〜を (...o)

Esta partícula tiene una función gramatical análoga a la del complemento directo y se coloca después del sustantivo. Representa el objetivo en el seno de la oración. Para escribir *o* no se utiliza el hiragana お, sino que se utiliza を.

パンを　たべます。
Pan o tabemasu.
Como pan.

本を　よみます。
Hon o yomimasu.
Leo un libro.

あした　くつを　かいます。
Ashita kutsu o kaimasu.
Mañana compraré los zapatos.

〜で (...de)

De es una de las partículas más usuales. Indica el lugar donde se realiza o tiene lugar la acción, y su traducción es «en». に *(ni)* también indica el lugar «en», pero sólo se utiliza con los verbos auxiliares «haber» y «estar». Veamos algunos ejemplos de la preposición で *(de):*

こうえんで　パンを　たべます。
Kôen de pan o tabemasu.
Como pan **en** el parque.

うちで　本を　よみます。
Uchi ***de*** *hon o yomimasu.*
Leo un libro **en** casa.

デパートで　くつを　かいます。
Depâto ***de*** *kutsu o kaimasu.*
Compro los zapatos **en** los grandes almacenes.

～ましょう (...mashô)

En español se traduce por «vamos a...» o «iremos a...». Esta construcción gramatical se realiza utilizando como base una de estas formas: ます*(masu)* o ましょう *(mashô)*.

こうえんで　パンを　たべましょう。
*Kôen de pan o tabe****mashô.***
Vamos a comer pan en el parque.

本を　よみましょう。
*Hon o yomi****mashô.***
Vamos a leer el libro.

本を　よみましょう。
*Kutsu o kai****mashô.***
Vamos a comprar zapatos.

～よ (...yo)

El sufijo *-yo* no tiene traducción en español y se coloca al final de la oración para dar énfasis.

〜て (te)

Es una forma verbal con una peculiar carga semántica. Cuando utilizamos el sufijo て *(-te)* en un verbo, este actúa como conectivo con la frase siguiente, dando continuidad a la oración principal. De esta manera, se advierte que después de la primera oración sigue otra.

— oración sin forma *-te:*

八じに　おきます。八じはんに　うちを　でます。

Hachi-ji ni ***okimasu****. Hachi-ji han ni uchi o demasu.*

— oración con forma *-te:*

八じに　おきて、八じはんに　うちを　でます。

Hachi-ji ni ***okite,*** *hachi-ji han ni uchi o demasu.*

En ambos casos, la oración puede traducirse por «Me levanto a las ocho y salgo de casa a las ocho y media».

Ejercicios（練習問題）

Ejercicio 1

Escriba en las líneas de puntos las horas en cifras o en letras, según corresponda:

1. はちじ *(hachi-ji):* ....
2. にじはん *(ni-ji han):* ....
3. よじ *(yo-ji):* ....
4. さんじ *(san-ji):* ....
5. くじごふん *(ku-ji go-fun):* ....
6. ごじじゅっぷん *(go-ji juppun):* ....
7. しちじにふんまえ *(shichi-ji ni-fun mae):* ....
8. いちじさんじゅっぷん *(ichi-ji sanjuppun):* ....

9. ろくじよんじゅっぷん *(roku-ji yonjuppun):* ……………………………
10. くじななふんまえ *(ku-ji nana-fun mae):* ……………………………
11. 11: 02: ……………………………
12. 3:15: ……………………………
13. 5:11: ……………………………
14. 8:20: ……………………………
15. 6:45: ……………………………
16. 9:50: ……………………………

Ejercicio 2

Escriba las partículas que faltan en las siguientes oraciones:

1. ……………… なんじですか。 ¿Qué hora es?

   ……………… *nan-ji desu ka.*

2. さんじ ……………… よじ ……………… Desde las tres hasta las cuatro.

   San-ji ……………… *yo-ji* ………………

3. はちじ ……………… いきます。 Voy sobre las ocho.

   Hachi-ji ……………… *ikimasu.*

4. しちじ ……………… おきます。 Levantarse a las siete.

   Shichi-ji ……………… *okimasu.*

5. ……………… ……………… ねますか。 ¿A qué hora te levantas?

   ……………… ……………… *nemasu ka.*

Lección 5

Voy a Japón con mi amigo
ともだちと日本へ行きます
(tomodachi to Nihon e ikimasu)

Diálogo（本文）

ペドロ：わたしは　らいねんの　はる日本へ　行きます。
よしお：いいですね。だれと　行きますか。
ペドロ：ともだちの　カルロスさんと行きます。そして一ねんぐらい　日本で日本語を　べんきょうします。
よしお：スペインから日本まで　ひこうきで　どのぐらい　かかりますか。
ペドロ：さあ、わかりません。

Pedoro: *Watashi wa rainen no haru nihon e ikimasu.*
Yoshio: *Ii desu ne. Dare to ikimasu ka.*
Pedoro: *Tomodachi no karurosu-san to ikimasu. soshite, ichi-nen gurai nihon de nihongo o benkyô shimasu.*
Yoshio: *Supein kara nihon made hikôki de donogurai kakarimasuka.*
Pedoro: *Sâ, wakarimasen.*

Pedro: En la primavera del año que viene iré a Japón.
Yoshio: ¡Qué bien! ¿Con quién irás?
Pedro: Iré con mi amigo Carlos. Y estudiaré japonés en Japón durante un año más o menos.
Yoshio: ¿Cuánto tiempo se tarda aproximadamente en viajar desde España a Japón?
Pedro: Pues no lo sé.

Gramática（文法）

～へ行きます (...e ikimasu)

El significado de esta expresión es «ir a ...». La preposición へ (へ行きます) confiere el significado de dirección de la misma manera que la preposición *a* en español: «ir **a**», «venir **a**», «volver **a**». Es conveniente recordar que para indicar dirección también se puede utilizar に *(ni)*, que significa *también.*

と (to)

Tiene una doble aplicación. Por un lado, equivale a la conjunción copulativa española *y*, utilizada para unir elementos de una misma categoría gramatical u oraciones y por otro, se identifica con la preposición española *con.*

カルロスさんと　日本へ　行きます。
*Karurosu-san **to** nihon e ikimasu.*
Voy a Japón **con** Carlos.

ペドロさんと　スペインへ　かえります。
*Pedro-san **to** supein e kaerimasu.*
Vuelvo **a** España con Pedro.

の (no)

Es un sufijo que denota posesión o pertenencia: わたしの本, *watashi **no** hon:* «mi libro». Pero, también puede servir para crear diversas locuciones adverbiales de modo y locuciones preposicionales como *encima de*: テーブルの上, *têburu **no** ue*: «**encima de** la mesa».

で (de)

La partícula equivale a la preposición española *en* que indica de qué modo se realiza la acción de la oración principal. En japonés se utiliza para referirse a la modalidad de transporte utilizada para realizar la acción de viajar.

ひこうきで　いきます。
Hikôki ***de*** *ikimasu.*
Ir **en** avión.

でんしゃで
Densha de.
… en tren

くるまで
Kuruma de.
… en coche

バスで
Basu de.
… en autobús.

ちかてつで
Chikatetsu de.
… en metro.

*あるいて
Aruite.
… a pie

Afirmación y negación: ます (masu) / ません (masen)

Para expresar afirmación o negación se utilizan dos formas; la forma ます *(masu)* para construir frases afirmativas y la forma ません *(masen)* para las negativas. Así, por ejemplo, el verbo わかる *(wakaru)*, «entender», presenta su forma afirmativa de la siguiente manera:

わかります, ***wakarimasu***: entiendo.

y la forma negativa de esta otra manera:

わかりません, ***wakarimasen***: no entiendo.

Veamos más ejemplos:

行きます, ***ikimasu***: ir
来ます, ***kimasu***: venir

行きません, ***ikimasen***: no ir
来ません, ***kimasen***: no venir

afirmativo	negativo
presente 〜ます *(...masu)*	〜ません *(...masen)*
pasado 〜ました *(...mashita)*	〜ませんでした *(...masendashita)*

かかります **(kakarimasu)**
Se trata de la forma afirmativa del verbo «tardar».
あなたの　うちから　えきまで　どのぐらい　かかりますか。
Anata no uchi kara eki made donogurai ***kakarimasu*** *ka.*
¿Cuánto tiempo **se tarda** más o menos de su casa a la estación?

二十分　ぐらい　かかります。
Ni-juppun gurai ***kakarimasu****.*
Se tarda veinte minuntos más o menos.

Aunque también se puede escribir con el mismo significado lo siguiente:
あなたの　うちから　えきまで　なんぷんぐらい　ですか。
Anata no uchi kara eki made nan-pun gurai desu ka.
二十分ぐらいです。
Nijuppun gurai desu.

Las expresiones de tiempo. Los años

En japonés, existen una serie de expresiones temporales fijas para referirnos a los años, seguidamente se muestran las más importantes:

らいねん, *rainen:* el año que viene
ことし, *kotoshi:* este año
きょねん, *kyonen:* el año pasado
まいとし, *maitoshi:* cada año
なんねん, *nan-nen / nan-sai:* ¿cuántos años?

Por otra parte, para contabilizar los años se utilizan las siguientes expresiones, del uno al diez (estas formas para contabilizar no son válidas para las edades):

1.	一ねん	*ichi-nen*
2.	二ねん	*ni-nen*
3.	三ねん	*san-nen*
4.	四ねん	*yo-nen*
5.	五ねん	*go-nen*
6.	六ねん	*roku-nen*
7.	七ねん	*shichi-nen / nana-nen*
8.	八ねん	*hachi-nen*
9.	九ねん	*kyû-nen / ku-nen*
10.	十ねん	*jû-nen*

Para contabilizar las edades existen otras formas que son 一さい *(issai),* 二さい *(ni-sai),* 三さい *(sann-sai),* etc.

しき **(shiki)**

Las estaciones en japonés son las siguientes:
はる, *haru:* primavera
なつ, *natsu*: verano
あき, *aki:* otoño
ふゆ, *fuyu:* invierno

Ejercicios（練習問題）

Ejercicio 1

Escriba la forma negativa de los verbos que aparecen en las siguientes oraciones:

1. わたしは　きょう　がっこうへ　行きます: ....
   Watashi wa kyô gakkô e ikimasu.
   Hoy voy a la escuela.
2. ともだちに　てがみを　かきます: ....
   Tomodachi ni tegami o kakimasu.
   Escribo una carta a mi amigo.
3. おとうとは　らいねん　日本に　来ます: ....
   Otôto wa rainen nihon ni kimasu.
   Mi hermano menor viene a Japón el año que viene

Ejercicio 2

Escriba la forma pretérita de los verbos que aparecen en las siguientes oraciones:

1. ひこうきで　どのぐらい　かかりますか: ....
   Hikôki de donogurai kakarimasu ka.
   ¿Cuánto se tarda en avión más o menos?
2. いつ　日本ごを　べんきょうしますか: ....
   Itsu nihon-go o benkyô shimasu ka.
   ¿Cuándo estudias japonés?
3. がっこうまで　あるいて　いきます: ....
   Gakkô made aruite ikimasu.
   Voy andando hasta la escuela

Ejercicio 3

Escriba la forma pretéritanegativa de los verbos que aparecen en las siguientes oraciones:

1. カルロスさんと　行きます:　.................................
Karurosu-san to ikimasu.
Voy con el Sr. Carlos.
2. 五じに　うちへ　かえります:　.................................
Go-ji ni uchi e kaerimasu.
Vuelvo a casa a las cinco.
3. 田中さんは　きょう　来ます:　.................................
Tanaka-san wa kyô kimasu.
El señor Tanaka viene hoy.

Lección 6

Hoy es mi cumpleaños

きょうはわたしのたんじょうびです

(kyô wa watashi no tanjôbi desu)

Diálogo（本文）

てるこ：きょうは　五月十日、日よう日、わたしの　たんじょう日です。

マルタ：そうですか。おめでとうございます。きょうの　よていは？

てるこ：おひるは　ともだちと　レストランで　しょくじをして、よるは　かぞくと　うちで　たんじょういわいを　します。きっと プレゼントも　ありますよ。

マルタ：たのしい　一日をどうぞ。わたしの　たんじょう日は　二月　ですから、らいねんまで　来ません。

Teruko: *kyô wa gogatsu-tôka, nichiyôbi, watashi no tanjôbi desu.*

Maruta: *sô desu ka. Omedetô gozaimasu. Kyô no yotei wa?*

Teruko: *ohiru wa tomodachi to resutoran de shokuji o shite, yoru wa kazoku to uchi de tanjô iwai o shimasu. Kitto purezento mo arimasu yo.*

Maruta: *tanoshii ichi nichi o dôzo. Watashi no tanjôbi wa ni-gatsu desu kara, rainen made kimasen.*

Teruko: Hoy es 10 de mayo, y es el día de mi cumpleaños.

Marta: Felicidades. ¿Qué planes tienes para hoy?

Teruko: Al mediodía comeré con mis amigos en un restaurante y por la noche celebraré una fiesta de cumpleaños con mi familia. Seguramente tendrán preparado algún regalo.

Marta: Que pases un día divertido. Como mi cumpleaños es en el mes de febrero, no lo celebraré hasta el año que viene.

Gramática（文法）

Los meses del año

En japonés, los meses no tienen un nombre específico, sino que simplemente se les da un número de orden. De esta manera, el mes de enero sería el mes uno, febrero el mes dos, y así sucesivamente (entre paréntesis figura el nombre de los meses en kanji).

いちがつ	（一月）	*ichi-gatsu*	enero
にがつ	（二月）	*ni-gatsu*	febrero
さんがつ	（三月）	*san-gatsu*	marzo
しがつ	（四月）	*shi-gatsu*	abril
ごがつ	（五月）	*go-gatsu*	mayo
ろくがつ	（六月）	*roku-gatsu*	junio
しちがつ	（七月）	*shichi-gatsu* *nana-gatsu*	julio
はちがつ	（八月）	*hachi-gatsu*	agosto
くがつ	（九月）	*ku-gatsu*	septiembre
じゅうがつ	（十月）	*jû-gatsu*	octubre
じゅういちがつ	（十一月）	*jû-ichi-gatsu*	noviembre
じゅうにがつ	（十二月）	*jû-ni-gatsu*	diciembre
なんがつ？		*nan-gatsu*	¿qué mes?

Los días del mes

Los días del mes también presentan una serie de peculiaridades. Del día uno al diez se utiliza un nombre específico para cada día, y apartir del día once se añade el sufijo 〜にち *(-nichi)* detrás del número, a excepción de los días 14, 20 y 24.

ついたち	(一日)	*tsuitachi*	día uno
ふつか	(二日)	*futsuka*	día dos
みっか	(三日)	*mikka*	día tres
よっか	(四日)	*yokka*	día cuatro
いつか	(五日)	*itsuka*	día cinco
むいか	(六日)	*muika*	día seis
なのか	(七日)	*nanoka*	día siete
ようか	(八日)	*yôka*	día ocho
ここのか	(九日)	*kokonoka*	día nueve
とうか	(十日)	*tôka*	día diez
じゅういちにち	(十一日)	*jû-ichi-nichi*	día once
じゅうににち	(十二日)	*jû-ni-nichi*	día doce
じゅうよっか	(十四日)	*jûyokka*	día catorce
はつか	(二十日)	*hatsuka*	día veinte
にじゅうよっか	(二十四日)	*nijûyokka*	día veinticuatro
さんじゅういちにち	(三十一日)	*sanjû-ichi*	día treinta y uno
なんにち？		*nan-nichi?*	¿qué día?

Para contabilizar los días se utiliza la misma estructura que para los días del mes, excepto cuando decimos «un día», que utilizamos なんにち *(ichi-nichi)* en hiragana, permaneciendo invariable la misma expresión si esta es escrita en kanji. Es decir:

いちにち	（一日）	*ichi-nichi*	un día
ついたち	（一日）	*tsuitachi*	día uno

Los demás días se pueden contabilizar de la misma manera que los días de los meses. La forma interrogativa es なんにち *(nan-nichi)* cuya traducción española puede ser «¿en qué fecha?» o «¿cuántos días?».

Los días de la semana

げつようび	（月よう日）	*getsu-yôbi*	lunes
かようび	（火よう日）	*ka-yôbi*	martes
すいようび	（水よう日）	*sui-yôbi*	miércoles
もくようび	（木よう日）	*moku-yôbi*	jueves
きんようび	（金よう日）	*kin-yôbi*	viernes
どようび	（土よう日）	*do-yôbi*	sábado
にちようび	（日よう日）	*nichi-yôbi*	domingo
なんようび	（何よう日）	*nan-yôbi*	¿qué día de la semana?

Ejercicios（練習問題）

Ejercicio 1

Relacione los días de la semana con los días correspondientes en japonés:

a) 月よう日, *getsu-yôbi*
b) 金よう日, *kin-yôbi*
c) 木よう日, *moku-yôbi*
d) 日よう日, *nichi'yôbi*
e) 土よう日, *do-yôbi*
f) 水よう日, *sui-yôbi*
g) 火よう日, *ka-yôbi*

1. Domingo
2. Lunes
3. Miércoles
4. Sábado
5. J ueves
6. Martes
7. Viernes

Ejercicio 2

Relacione los días del mes con los días correspondientes en japonés:

a) 二日, *futsu-ka*
b) 五日, *itsu-ka*
c) 四日, *yokka*
d) 十日, *tô-ka*
e) 一日, *tsuitachi*
f) 八日, *yôka*
g) 三日, *mikka*
h) 七日, *nano-ka*
i) 六日, *muika*
j) 九日, *kokonoka*
k) 二十日, *hatsuka*
l) 十四日, *jû-yokka*

1. Día ocho
2. Uno
3. Nueve
4. Tres
5. Cuatro
6. Cinco
7. Seis
8. Dos
9. Catorce
10. Veinte
11. Siete
12. Diez

Ejercicio 3

Relacione los meses con los correspondientes en japonés:

a) 三月, *san-gatsu*
b) 十月, *jû-gatsu*
c) 六月, *roku-gatsu*
d) 十一月, *jû-ichi-gatsu*
e) 八月, *hachi-gatsu*
f) 一月, *ichi-gatsu*
g) 十二月, jû-ni-gatsu
h) 二月, *ni-gatsu*
i) 四月, *shi-gatsu*
j) 五月, *go-gatsu*
k) 九月, *ku-gatsu*
l) 七月, *shichi-gatsu*

1. Agosto
2. Enero
3. Febrero
4. Diciembre
5. Marzo
6. Junio
7. Septiembre
8. Julio
9. Noviembre
10. Abril
11. Octubre
12. Mayo

Lección 7

Mi familia
わたしのかぞく *(watashi na kazoku)*

Diálogo（本文）

アナ：みきさんは　なんにん　きょうだいですか。
みき：さんにん　きょうだい　です。あねと　おとうとが　ひとり　います。アナさんは？
アナ：わたしは　あにが　ひとり　います。ところで、ごりょうしんは　おげんきですか。
みき：はい。おかげさまで、げんきです。らいしゅう　ぜひ　あそびに　きてください。
アナ：ありがとう

Ana: *Miki-san wa nan-nin kyôdai desu ka.*
Miki: *San-nin kyôdai desu. Ane to otôto ga hitori imasu. Ana-san wa?*
Ana: *Watashi wa ani ga hitori imasu. Tokorode goryôshin wa ogenki desu ka.*
Miki: *Hai. Okagesamade, genki desu. Raishû zehi asobi ni kite kudasai.*
Ana: *Arigatô.*

Ana: Miki, ¿cuántos hermanos tienes?
Miki: Tengo tres hermanos. Una hermana mayor y un hermano menor. ¿Y tú?
Ana: Tengo un hermano mayor. A propósito, ¿tus padres están bien?
Miki: Sí, están muy bien, muchas gracias. Por cierto, dile a tu hermano que venga a mi casa la semana que viene, por favor.
Ana: De acuerdo, muchas gracias.

Gramática（文法）

La familia

En japonés, existen dos formas para referirse a las personas que forman parte de una familia. Si el interlocutor hace referencia a la suya utilizará una forma, pero si hace referencia a una familia ajena utilizará otra expresión diferente. A continuación se muestran algunos ejemplos que contemplan las dos formas comentadas:

	Para hablar de la propia familia	**Para hablar de otra familia**
padre	父： *chichi*	*お父さん：*otôsan*
madre	母：*haha*	*お母さん：*okâsan*
padres	*りょうしん：*ryôshin*	ごりょうしん：*goryôshin*
hermanos/as	*きょうだい：*kyôdai*	ごきょうだい：*gokyôdai*
hermano mayor	あに：*ani*	*おにいさん：*onîsan*
hermana mayor	あね：*ane*	*おねえさん：*onêsan*
hermano menor	*おとうと：*otôto*	おとうとさん：*otôtosan*
hermana menor	*いもうと：*imôto*	いもうとさん：*imôtosan*
abuelo	そふ：*sofu*	*おじいさん：*ojîsan*
abuela	そぼ：*sobo*	*おばあさん：*obâsan*
marido	*しゅじん：*shujin*	*ごしゅじん：*goshujin*
esposa	かない：*kanai*	*おくさん：*okusan*

tío	おじ：*oji*	*おじさん：*ojisan*
tía	おば：*oba*	*おばさん：*obasan*
hijos	*子ども：*kodomo*	お子さん：*okosan*
hijo	*むすこ：*musuko*	むすこさん：*musukosan*
hija	*むすめ：*musume*	むすめさん：*musumesan*

* Es aconsejable aprender las formas señaladas con asterisco, ya que en cierta manera pueden ser válidas en los dos tipos de situaciones.

Veamos seguidamente una serie de ejemplos:

あなたの　かぞくは　何人　ですか。
Anata no kazoku wa nan-nin desu ka.
あなたは　何人　かぞく　ですか。
Anata wa nan-nin kazoku desu ka.
¿Cuántos miembros componen su familia?

わたしの　かぞくは　五人　です。
Watashi no kazoku wa go-nin desu.
わたしは　五人　かぞく　です。
Watashi wa go-nin kazoku desu.
Somos cinco en la familia.

わたしは　三人　きょうだい　です。
Watashi wa san-nin kyôdai desu.
わたしは　きょうだいが　三人います。
Watashi wa kyôdai ga san-nin imasu.
Tengo tres hermanos.

父は　五十さいで、べんごしです。
Chichi wa gojussai de, bengoshi desu.
Mi padre tiene 50 años y es abogado.

母は　しゅふ　です。
Haha wa shufu desu.
Mi madre es ama de casa.

兄は　小がっこうの　先生で、けっこんしています。
Ani wa shôgakkô no sensei de, kekkon shite imasu.
Mi hermano mayor es profesor de la escuela primaria, y está casado.

姉は　ぎんこういんで、どくしんです。
Ane wa ginkô-in de, dokushin desu.
Mi hermana mayor es empleada de banco y está soltera.

おとうと　と　いもうとは　いません。
Otôto to imôto wa imasen.
No tengo ni hermano menor ni hermana menor.

わたしは　りょうしんと　あねと　いっしょに　すんでいます。
Watashi wa ryôshin to ane to issho ni sunde imasu.
Vivo con mis padres y mi hermana mayor.

ルイスさんのかぞく。
Ruisu-san no kazoku.
La familia de Luis.

ルイスさんの　おとうさんは　いしゃです。
Ruisu-san no otôsan wa isha desu.
El padre de Luis es médico.

おかあさんは　はいしゃです。
Okâsan wa haisha desu.
La madre es odontóloga.

おにいさんと　おねえさんは　いま　アメリカに　すんでいます。
Onîsan to onêsan wa ima amerika ni sunde imasu.
Su hermano y su hermana mayor viven ahora en Estados Unidos.

おとうとさんは　小がくせいで、いもうとさんは　中がくせいです。
Otôto-san wa shôgakusei de, imôto-san wa chûgakusei desu.
Su hermano menor es alumno de la escuela primaria y su hermana menor lo es de la escuela secundaria.

ルイスさん、ごきょうだいは？
Ruisu-san, gokyôdai wa?
¿Cuántos hermanos tienes, Luis?

五人です。
Gonin desu.
Tengo cinco hermanos.

ルイスさんは　おにいさんが　一人あります。
Ruisu-san wa onîsan ga hitori arimasu.
Luis tiene un hermano mayor.

います / あります **(imasu/arimasu)**

Anteriormente hemos estudiado います *(imasu)* para referirnos a personas y animales y あ ります*(carimasu)* para referirnos a cosas, con el significado de «haber» o «estar». Pero también podemos usar いますy あります para hablar de la familia, con el significado de «tener». Por ejemplo:

ルイスさんの　おにいさんは　アメリカに　います。
Ruisu-san no onîsan wa amerika ni ***imasu***.
El hermano mayor de Luis **está** en Estados Unidos.

En este caso no puede utilizarse ありります, pero si en el que le sigue:

ルイスさんは，おくさんと　お子さんが　二人います／あります。
Ruisu-san wa okusan to okosan ga futari ***imasu / arimasu****.*
Luis **tiene** esposa y dos hijos.

Ejercicios（練習問題）

Ejercicio 1
Escriba en hiragana y rôma-ji las formas correctas para hablar de los miembros de la propia familia:

1. Padre: ....
2. Madre: ....
3. Hermanos: ....
4. Esposa: ....
5. Hijos: ....

Ejercicio 2
Escriba en hiragana y rôma-ji las formas correctas para hablar de los miembros de la familia ajena:

1. Padres: ....
2. Abuelo: ....
3. Abuela: ....
4. Tío: ....
5. Tía: ....

Lección 8

Ir de compras
かいものに行きます (kaimono ni ikmasu)

Diálogo（本文）

あそこは　デパートです。おおぜいの人が　かいものに　行きます。一かいはアクセサリーや　かばんうりばです。
おきゃく：すみません。ネックレスを　みせてください。
てんいん：はい。プレゼントですか。これは　どうでしょうか。
おきゃく：そうですね。もうすこし　ながいのは　ありませんか。
てんいん：では　これは？
おきゃく：これは　いいですね。いくらですか。
てんいん：いちまんにせんえんです。
おきゃく：じゃ、これにします。つつんでください。

Asoko wa depâto desu. Ôzei no hito ga kaimono ni ikimasu. Ikkai wa akusesarî ya kaban uriba desu.
Okyaku: *Sumimasen. Nekkuresu o misete kudasai.*
Ten'in: *Hai. Purezento desu ka. Kore wa dô deshô ka.*
Okyaku: *Sô desu ne. Mô sukoshi nagai no wa arimasen ka.*
Ten'in: *Dewa kore wa?*
Okyaku: *Kore wa ii desu ne. Ikura desu ka.*
Ten'in: *Ichi-man ni-sen en desu.*
Okyaku: *Ja, kore ni shimasu. Tutunde kudasai.*

Allí hay unos grandes almacenes. Mucha gente va a comprar. La primera planta es la sección de accesorios y maletas.
Cliente: Perdone ¿me deja ver ese collar, por favor?
Vendedora: Sí, ¿es para regalo? ¿Qué le parece este?
Cliente: ¿No tendrá uno un poco más largo?
Vendedora: Entonces, ¿qué le parece este?
Cliente: Este es perfecto. ¿Cuánto vale?
*Vendedora:*Son 12.000 yenes.
Cliente: Entonces me lo quedo. Envuélvamelo, por favor.

Diálogo 2

七かいは　レストランです。エレベーターか　エスカレーターで
行きます。
はなこ：おなかが　すきましたね。なにか　たべましょう。
モニカ：わたしも　おなかぺこぺこ。なにを　たべましょうか。
はなこ：わたしは　サンドイッチとコーヒー、そして　デザートは
アイスクリームに　します。
モニカ：わたしは　おすしと　おちゃ、デザートは　いりません。
はなこ：しょくじを　してから、ちかいっかいへ　行きましょう。

Nana-kai wa resutoran desu. Erebêtâ ka eskarêtâ de ikimasu.
Hanako: *Onaka ga suki mashita ne. nani ka tabemashô.*
Monika: *Watashi mo onaka peko peko. nani o tabemashô ka.*
Hanako: *Watashi wa sandoitchi to kôhî, soshite dezâto wa aisukurîmu ni shimasu.*
Monika: *Watashi wa osushi to ocha, dezâto wa irimasen.*
Hanako: *Shokuji o shite kara, chika ikkai e ikimashô.*

La séptima planta es el restaurante. Podemos subir en el ascensor o por la escalera mecánica.
Hanako: Tenemos hambre, ¿verdad? Vamos a comer algo.
Monica: Yo también estoy hambrienta. ¿Qué vamos a comer?
Hanako: Tomaré un sándwich y café. Y un helado de postre.
Monica: Yo tomaré *sushi* y té. No quiero tomar postre.
Hanako: Después de comer, podríamos ir a la planta baja.

Gramática（文法）

～うりば (...uriba)

～うりば *(...uriba)* significa planta o sección. En los edificios de Japón, la primera planta (o primer piso) equivale a nuestra planta baja. Por lo tanto, 二かい *(ni-kai)* se traduciría como la primera planta en español. Veamos más ejemplos:

一かいは　アクセサリーや　かばんうりば。
Ikkai wa akusesari ya kaban uriba.
La primera planta es la sección de complementos y maletas.

二かいは　ふじんふくうりば。
Ni-kai wa fujinfuku uriba.
La segunda planta es la sección de moda para mujer.

五かいは　かぐうりば。
Gokai wa kagu uriba.
La quinta planta es la sección de muebles.

七かいは　レストラン。
Nana-kai wa resutoran.
La séptima planta es el restaurante.

～てください (...te kudasai)

Con la forma て *(te)* del verbo + ください *(kudasai)* se realiza la petición afirmativa o expresiones de mandato.

みせてください
(misete kudasai; verbo *みせる, miseru)*
Enséñeme, por favor / déjeme ver, por favor

よんでください
(yonde kudasai; verbo よむ, *yomu)*
Lea, por favor

かってください
(katte kudasai; verbo かう, *kau)*
Compre, por favor

まってください
(matte kudasai; verbo まつ, *matsu)*
Espere, por favor

べんきょうしてください
(benkyô shite kudasai; verbo べんきょうする *benkyô suru)*
Estudie, por favor

Más adelante se estudiarán los verbos con más detalle, y se explicará cómo se construye la forma て *(te)* de cada verbo. Por lo pronto, debe tenerse en cuenta que ください *(kudasai)* significa literalmente «deme» y no «por favor». Para decir «por favor» se utiliza どうぞ *(dôzo)* cuando se ofrece alguna cosa, o おねがいします *(onegai shimasu)* cuando se solicita.

～に　します（～に　する）...ni shimasu (...ni suru)

します（する）*shimasu (suru)* siginifica generalmente «hacer», pero se debe tener en cuenta que es uno de los verbos japoneses con más significados. Por ejemplo,～にします (...ni *shimasu)* significa en esta lección la toma de una decisión. Véamos algunos ejemplos:

これに　します, *kore ni shimasu:* me quedo este.
サンドイッチに　します, *sandoitchi ni shimasu:* me tomaré un sándwich.
しごとは　あしたに　します, *shigoto wa ashita ni shimasu:* dejaré el trabajo para mañana.

～てから (...te kara)

Con la forma て *(te)* del verbo + から *(kara)* se obtiene una expresión que en español equivale a la forma «después de...».

しょくじを　してから　べんきょうします。
Shokuji o ***shite kara*** *benkyô shimasu.*
Después de comer, estudiaré.

テレビを　みてから　ほんを　よみます。
Terebi o ***mite kara*** *hon o yomimasu.*
Después de ver la televisión, leeré el libro.

スープを　のんでから　にくを　たべます。
Sûpu o ***nonde kara*** *niku o tabemasu.*
Después de tomar la sopa, comeré carne.

いくらですか, ikura desu ka

Literalmente, esta expresión significa «¿cuánto vale?».
これはいくらですか *(kore wa ikura desu ka)*: «cuánto vale esto».
También se puede utilizar una construcción más simple y con idéntico significado:

これいくら？*(kore ikura?):* ¿cuánto es?
二千円です *(ni-sen-en desu):* son dos mil yenes.
三万円です *(san-man-en desu):* son trenta mil yenes.

か (ka)

Ka es la conjunción disyuntiva japonesa que en español se traduce como *o*:

りんごか　みかん, *ringo* ***ka*** *mikan:* manzana o naranja.
スペインか　フランス, *Supein* ***ka*** *Furansu:* España o Francia.

Ejercicios（練習問題）

Ejercicio 1

Escriba la forma ます *masu* y ましょう *mashô* de las siguientes formas gramaticales:

1. 日本へ行く *nihon e iku*	行きます *ikimasu*	行きましょう *ikimashô*
2. てがみをかく *tagemi o kaku*	....	....
3. ビールをのむ *bîru o nomu*	....	....
4. テレビをかう *terebi o kau*	....	....
5. リンゴをたべる *ringo o taberu*	....	....
6. 九じに　来る *kuji ni kuru*	....	....
7. べんきょうする *benkyô suru*	....	....

Ejercicio 2

Escriba la forma 〜てください *(te kudasai)* de las siguientes formas:

1. 見る *miru*	見てください *mite kudasai*	Mire, por favor.
2. よむ *yomu*	....	Lea, por favor.

3. かう — Compre, por favor.
kau ....

4. 来る — Venga, por favor.
kuru ....

5. する — Haga, por favor.
suru ....

6. かく — Escriba, por favor.
kaku ....

Lección 9

Llamar por teléfono
でんわをかけます **(*denwa o kakemasu*)**

Diálogo（本文）

ようこ：もしもし、たけださんの　おたくですか。
母おや：はい、そうです。
ようこ：わたしは　ようこですが、けいこさんを　おねがいします。
母おや：はい、ちょっと　おまちください。
けいこ：もしもし、けいこです。
ようこ：こんにちは、げんき？
けいこ：うん、げんきよ。なあに？
ようこ：らいしゅうの　にちようび　ひま？
けいこ：ええと、おひるからは　ひまだけど…
ようこ：じゃ、よる　うちに　しょくじに　こない？みちこさんも
くるから。
けいこ：ありがとう。じゃ、八じごろ　行くね。

Yôko: *Moshi moshi, Takeda-san no otaku desu ka.*
Haha-oya: *Hai, sô desu.*
Yôko: *Watashi wa Yôko deu ga, Keiko-san o onegaishiamsu.*
Haha-oya: *Hai, chotto omachikudasai.*
Keiko: *Moshi moshi, Keiko desu.*
Yôko: *Konnichi wa, genki?*
Keiko: *Un, genki yo. Nâni?*
Yôko: *Raishû no nichi-yôbi hima?*
Keiko: *Ê to, ohiru kara wa hima da kedo…*
Yôko: *Ja, yoru uchi ni shokuji ni konai? Michiko-san mo kuru kara.*
Keiko: *Arigatô. Ja, hachi-ji goro iku ne.*

Yôko: Hola, ¿es la familia Takeda?
Madre: Sí, así es.
Yôko: Soy Yôko. ¿Se puede poner Keiko, por favor?
Madre: Espere un momento, por favor.
Keiko: Hola, soy Keiko.
Yôko: Soy Yôko Cómo estás?
Keiko: Bien, ¿qué hay?
Yôko: ¿Tienes tiempo libre el próximo domingo?
Keiko: Estaré libre a partir del mediodía.
Yôko: Entonces, ¿quieres venir a cenar? Michiko también viene.
Keiko: Gracias. Entonces iré sobre las ocho.

Gramática（文法）

でんわを　かける／かけます (denwa o kakeru / kakemasu)

Denwa o kakeru / kakemasu es la forma más correcta y utilizada para decir «voy a llamar por teléfono», aunque en muchas ocasiones se utiliza el verbo する／します *(suru / shimasu)*. Por ejemplo:

でんわを　する／します *(denwa o suru / shimasu)*
でんわ（を）　してください *(denwa o shite kudasai)*

Ambas oraciones significan: «Llame por teléfono, por favor».

もしもし (moshi moshi)

Es una forma característica de iniciar cualquier conversación telefónica. Su traducción española puede ser «diga» o «sí».

おたく (o-taku)

O-taku es la forma respetuosa de うち (uchi), que quiere decir «casa». No obstante, se debe tener en cuenta que *o-taku* tiene un significado mucho más amplio como por ejemplo:

わたしの　うち *(watashi no uchi)*: mi casa.
うちの　かいしゃ *(uchi no kaisha)*: la empresa donde trabajo.
うちの　がっこう *(uchi no gakkô)*: la escuela donde voy.
うちの　こども *(uchi no kodomo)*: mi(s) hijo(s).
たけださんの　おたく *(Takeda-san no otaku)*: la familia de Takeda.
おたくの　かいしゃ *(otaku no kaisha)*: la empresa donde trabaja usted.
おたくのおこさん *(otaku no okosan)*: su(s) hijo(s).

Las patrículas お (o) ご (go)

Las partículas *o* y *go* se colocan delante de algunos nombres o adjetivos para conseguir una variedad de lenguaje más formal, que se aleja de los registros más coloquiales. En Japón, las mujeres usan mucho más que los hombres esta forma.

forma coloquial	**forma estándar**	
かね *(kane)*	おかね *(o-kane)*	dinero
ちゃ *(cha)*	おちゃ *(o-cha)*	té
こうちゃ *(kôcha)*	おこうちゃ *(o-kôcha)*	té inglés
さけ *(sake)*	おさけ *(o-sake)*	saké
はし *(hashi)*	おはし *(o-hashi)*	palillo
かし (kashi)	おかし *(o-kashi)*	dulce
みず *(mizu)*	おみず *(o-mizu)*	agua
なまえ *(namae)*	おなまえ *(o-namae)*	nombre
でんわ *(denwa)*	おでんわ *(o-denwa)*	teléfono
てがみ *(tegami)*	おてがみ *(o-tegami)*	carta
わかい *(wakai)*	おわかい *(o-wakai)*	joven
あつい *(atsui)*	おあつい *(o-atsui)*	calor
さむい *(samui)*	おさむい *(o-samui)*	frío
げんき *(genki)*	おげんき *(o-genki)*	ánimo
しんぱい *(shimpai)*	ごしんぱい *(go-shimpai)*	preocupación
けっこん *(kekkon)*	ごけっこん *(go-kekkon)*	casamiento
びょうき *(byôki)*	ごびょうき *(go-byôki)*	enfermedad
しゅじん *(shujin)*	ごしゅじん *(go-shujin)*	marido

ちょっとおまちください (chotto o-machi kudasai)

Ya se ha estudiado la petición afirmativa con la forma て *(te)* del verbo (まってください, *atte kudasai* («espere, por favor»); よんでください, *yonde kudasai* («lea, por favor»). Pero existe una forma de petición más respetuosa que se realiza con la forma ます *(masu)*. La construcción gramatical es la siguiente:

お *(o)* + forma ます*(masu)* del verbo correspondiente + ください *(kudasai)*

Sin embargo, se debe tener en cuenta que esta construcción sólo se utiliza con algunos verbos, ya que muchos otros incorporan un sufijo que indica cortesía.

forma dic.	**forma masu**	**petición afirmativa respeto**
まつ *(matsu)* esperar	まちます *(machimasu)*	おまちください *(omachi kudasai)* le ruego que espere
よむ *(yomu)* leer	よみます *(yomimasu)*	およみください *(oyomi kudasai)* le ruego que lea
かく *(kaku)* escribir	かきます *(kakimasu)*	おかきください *(okaki kudasai)* le ruego que escriba
はなす *(hanasu)* hablar	はなします *(hanashimasu)*	おはなしください *(ohanashi kudasai)* le ruego que hable
のむ *(nomu)* beber	のみます *(nomimasu)*	おのみください *(onomi kudasai)* le ruego que beba
やすむ *(yasumu)* descansar	やすみます *(yasumimasu)*	おやすみください *(oyasumi kudasai)* le ruego que descanse

En el diálogo de la lección, Keiko y Yôko mantienen una charla coloquial por teléfono, pero esta misma conversación puede realizarse en un registro más formal, es decir, cuyo resultado en función de la gramática explicada en esta lección sería este (la traducción española permanecería prácticamente invariable):

けいこ：もしもし、けいこです。
ようこ：こんにちは、おげんきですか。
けいこ：はい、げんきです。なんでしょうか。
ようこ：らいしゅうの　にちようびは　ひまですか。
けいこ：ええと、おひるからは　ひまですけど。
ようこ：では、よる　うちに　しょくじに　きませんか。みちこさんも
きますから。
けいこ：ありがとう。では、八じごろ　行きます。

Keiko: *Moshi moshi, Keiko desu.*
Yôko: *Konnichi wa, o-genki desu ka.*
Keiko: *Hai, genki desu. Nan de shô ka.*
Yôko: *Raishû no ichi-yôbi wa hima desu ka.*
Keiko: *Eeto, o-hiru kara wa hima desu kadio.*
Yôko: *Dewa, yoru uchi ni shokuji ni kimasen ka. Michiko-san mo kimasu kara.*
Keiko: *Arigatô. Dewa, hachi-ji goro ikimasu.*

Yôko: Hola, ¿es la familia Takeda?
Madre: Sí (así es).
Yôko: Soy Yôko. ¿Se puede poner Keiko por favor?
Madre: Espere un momento, por favor.
Keiko: Hola, soy Keiko.
Yôko: Soy Yôko. ¿Cómo estás?
Keiko: Bien, ¿qué hay?
Yôko: ¿Tienes tiempo libre el próximo domingo?
Keiko: Estaré libre a partir del mediodía.
Yôko: Entonces, ¿quieres venir a cenar? Michiko también viene.
Keiko: Gracias. Entonces iré sobre las ocho.

Ejercicios（練習問題）

Ejercicio 1

Escriba en forma petición afirmativa de respeto las formas verbales que aparecen a continuación:

1. 日本ごで　はなす　　　おはなしください
   Nihongo de hanasu　　　*ohanshi kudasai*
   Hablar en japonés

2. てがみを　よむ:
   Tegami o yomu.　　　..
   Leer la carta.

3. ホテルで　まつ:
   Hoteru de matsu.　　　..
   Esperar en el hotel.

4. コーヒーを　のむ:
   Kôhî o nomu.　　　..
   Tomaré café.

5. フォークを　つかう:
   Fôku o tsukau.　　　..
   Utilizar el tenedor.

6. いすに　かける:
   Isu ni kakeru.　　　..
   Sentarse en la silla.

7. ゆっくり　やすむ:
   Yukkuri yasumu.　　　..
   Descansar tranquilamente.

8. へやに　はいる:
   Heya ni hairu.　　　..
   Entrar en la habitación.

Lección 10

Adjetivos
けいようし (keiyôshi)

Diálogo (本文)

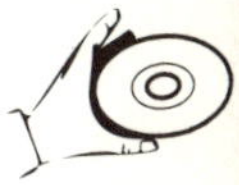

はじめ：せんしゅう、ついに　うちを
かいました。
アナ：ほんとうですか。どんなうちです
か。
はじめ：すこし　ふるい　うちですが、と
ても　おおきいです。
それに　しずかです。
アナ：いいですね。
はじめ：あさって　パーティーを　します
から、きませんか。
アナ：ええ、ぜひ。

Hajime: *Senshû tsui ni uchi o kaimashita.*
Ana: *Hontô desuka. Donna uchi desu ka.*
Hajime: *Sukoshi furui desu ga, totemo ôkii desu. Soreni shizuka desu.*
Ana: *Ii desu ne.*
Hajime: *Asatte pâtî o shimasu kara, kimasen ka.*
Ana: *Ee, zehi.*

Hajime: La semana pasada compré por fin una casa.
Ana: ¿De verdad? ¿Cómo es [la casa]?
Hajime: Es una casa antigua, pero muy grande. Además, es muy tranquila.
Ana: ¡Qué bien!
Hajime: Pasado mañana haremos una fiesta, ¿por qué no vienes?
Ana: Sí, por supuesto.

Gramática（文法）

El adjetivo

El adjetivo siempre va delante del nombre para modificar o completar su significado. Existen dos tipos: los acabados en い *(i)* y los acabados en な *(na)*. Hay que tener en cuenta que no hay flexión de género y número, y que por lo tanto no existe masculino ni femenino ni tampoco plural. No obstante, los adjetivos acabados en い *(i)* experimentan una serie de cambios morfológicos cuando hacen la función de predicado junto al verbo auxiliar です *(desu)*.

Adjetivos acabados en い (i)

<u>ながい</u>　えんぴつ, ***nagai*** *empitsu:* lápiz largo

<u>みじかい</u>　スカート, ***mijikai*** *sukâto:* falda corta

<u>あつい</u>　なつ, ***atsui*** *natsu:* verano caluroso

<u>さむい</u>　ふゆ, ***samui*** *fuyu:* invierno frío

<u>大きい</u>　いぬ, ***ôkii*** *inu:* perro grande

<u>小さい</u>　ねこ, ***chiisai*** *neko:* gato pequeño

<u>あたらしい</u>　くつ, ***atarashii*** *kutsu:* zapatos nuevos

<u>ふるい</u>　まち, ***furui*** *machi:* ciudad antigua

Adjetivos acabados en な (na)

<u>しんせつな</u>　人, ***shinsetsuna*** *hito:* persona amable

<u>きれいな</u>　花, ***kireina*** *hana:* flor bonita

<u>しずかな</u>　まち, ***shizukana*** *machi:* ciudad tranquila

<u>べんりな</u>　きかい, ***benrina*** *kikai:* máquina útil

<u>ゆうめいな</u>　たてもの, ***yûmeina*** *tatemono:* edificio famoso

<u>かんたんな</u>　しけん, ***kantanna*** *shiken:* examen fácil

<u>げんきな</u>　こども, ***genkina*** *kodomo:* niño animado (fuerte)

El adjetivo como predicado

Además de su función complementaria, el adjetivo acabado en い *(i)* también puede desempeñar la función de predicado.

この　えんぴつは　ながいです。
Kono enpitsu wa* nagai *desu.
Este lápiz es largo.

この　いぬは　大きいです。
Kono inu wa ôkii desu.
Este perro es grande.

Para realizar la forma negativa se debe cambiar la terminación い *(i)* por く *(ku)*. Recuerde que en japonés, se puede construir la negación de dos maneras:〜ない です *(...nai desu)* y 〜ありません *(...arimasen)*.

この　えんぴつは　ながいです。
Kono enpitsu wa ***nagai desu.***
Este lápiz es largo.

この　えんぴつは　ながくないです。
Kono enpitsu wa ***nagaku-nai desu.***
Este lápiz no es largo.

この　えんぴつは　ながくありません。
Kono enpitsu wa ***nagaku arimasen.***
Este lápiz no es largo.

Para obtener las formas pretéritas debemos añadir a la forma del adjetivo el sufijo かった *(katta)*. Obsérvese la diferencia entre la forma de presente y la de pasado:

この　くつは　あたらしいです。
Kono kutsu wa ***atarashii desu.***
Estos zapatos son nuevos.

この　くつは　あたらしかったです。
Kono kutsu wa atarashikatta desu.
Estos zapatos eran nuevos.

この　ねこは　小さいです。
Kono neko wa chiisai desu.
Este gato es pequeño.

この　ねこは　小さかったです。
Kono neko wa chiisakatta desu.
Este gato era pequeño.

Para construir la forma pretérita negativa se debe añadir なかった *(nakatta)* después del adjetivo, o bien utilizar la construcción ありませんでした *(arimasen deshita).*

きょうは　あついです。
Kyô wa atsui desu.
Hoy hace calor.

きのうは　あつくなかったです。
Kinô wa atsukunakatta desu.
Ayer no hacía calor.

きのうは　あつくなかったです。
Kinô wa atsukunakatta desu.
Ayer no hacía calor.

El verbo auxiliar です *(desu)* se coloca al final de la oración y nunca tiene que conjugarse; para conseguir un registro más coloquial se puede eliminar la forma です *(desu):*

きょうは　あつい,	*kyô wa atsui:*	hoy hace calor.
きょうは　あつくない,	*kyô wa atsukunai:*	hoy no hace calor.

Si el adjetivo, independientemente de su función calificativa, hace la función de predicado se debe eliminar el sufijo な *(na)*:

— Adjetivo calificativo:
田中さんは　しんせつな　人　です。
Tanaka-san wa ***shinsetsuna*** *hito desu.*
El señor Tanaka es una persona amable.

— Adjetivo como predicado:
田中さんは　しんせつです。
Tanaka-san wa ***shinsetsu*** *desu.*
El señor Tanaka es amable.

— Adjetivo calificativo:
きょうとは　しずかな　町です。
Kyôto wa ***shizukana*** *machi desu.*
Kioto es una ciudad tranquila.

— Adjetivo como predicado:
きょうとは　しずかです。
Kyôto wa ***shizuka*** *desu.*
Kioto es tranquila.

— Adjetivo calificativo:
ピカソは　ゆうめいな　がかです。
Pikaso wa ***yûmeina*** *gaka desu.*
Picasso es un pintor famoso.

— Adjetivo como predicado:
ピカソは　ゆうめいです。
Pikaso wa ***yûmei*** *desu.*
Picasso es famoso.

En las formas negativas y pretéritas, tanto afirmativas como negativas, se tiene que conjugar el verboです *(desu):*

田中さんは　しんせつな　人　ではありません。
じゃないです。

Tanaka-san wa shinsetsuna hito ***dewa arimasen.***
ja nai desu.

El señor Tanaka no es una persona amable.

田中さんは　しんせつではありません。
じゃないです。

Tanaka-san wa shinsetsu ***dewa arimasen.***
ja nai desu.

El señor Tanaka no es amable.

Ejercicios（練習問題）

Ejercicio 1

Escriba en forma negativa las siguientes oraciones:

1. わたしのうちは　大きいです。　...
   Watashi no uchi wa ôkii desu.　...
   Mi casa es grande.

2. この　くつは　たかいです。　...
   Kono kutsu wa takai desu.　...
   Estos zapatos son caros.

3. あの　たてものは　ふるいです。 ....
Ano tatemono wa furui desu. ....
Aquel edificio es antiguo.

4. さとうさんは　しんせつです。 ....
Satô-san wa shinsetsu desu. ....
El señor Sato es amable.

5. この町は　しずかです。 ....
Kono machi wa shizuka desu. ....
Esta ciudad es tranquila.

Ejercicio 2
Escriba en forma pasada afirmativa y en los dos modos de negación las siguientes oraciones:

1. うちのいぬは　小さいです。
Uchi no inu wa chiisai desu.
El perro de mi casa es pequeño.

小さかったです。
Chiisakatta desu.
小さくなかったです。
Chiisaku-nakatta desu.
小さくありませんでした。
Chiisaku arimasen deshita.

2. きょうは　さむいです。
Kyô wa samui desu:
Hoy hace frío.

....
....
....
....
....
....

3. きものは　きれいです。 ....

Kimono wa kirei desu. ....

El kimono es bonito. ....

....

....

....

Ejercicio 3

Traduzca las siguientes oraciones:

1. Un lápiz largo. ....
2. Una persona famosa. ....
3. Una falda bonita. ....
4. Una casa nueva. ....
5. Un coche viejo. ....

Lección 11

Me gusta el *jazz*
わたしはジャズがすきです
(watashi wa jazu ga suki desu)

Diálogo（本文）

よしお：やすみの　日は　どんなことをしますか。
アナ：よく　おんがくを　ききます。ジャズが　すきです。
よしお：わたしは　ジャズより　クラシックのほうが　すきです。
アナ：わたしは　クラシックは　あまりすきじゃないです。
よしお：スポーツでは　なにが　すきですか。わたしは　テニスが　一ばん　すきです。
アナ：わたしは　スポーツは　ぜんぜんしません。

Yoshio: *Yasumi no hi wa donna koto o shimasu ka.*
Ana: *Yoku ongaku o kikimasu. Jazu ga suki desu.*
Yoshio: *Watashi wa jazu yori kurashikku no hô ga suki desu.*
Ana: *Watashi wa kurashikku wa amari suki ja nai desu.*
Yoshio: *Supôtsu dewa nani ga suki desu ka watashi wa tenisu ga ichiban suki desu.*
Ana: *Watashi wa supôtsu wa zenzen shimasen.*

Yoshio: ¿Qué haces en tu tiempo libre?
Ana: Escucho música a menudo. Me gusta el *jazz.*
Yoshio: A mí me gusta más la música clásica que el *jazz.*
Ana: A mí no me gusta mucho la clásica.
Yoshio: ¿Y qué deporte te gusta? A mí me gusta el tenis.
Ana: Yo no practico ningún deporte.

Gramática（文法）

すき　(suki)

Suki, que significa «gustar», va acompañado de la partícula が *(ga)* y sirve para mostrar preferencia por alguna cosa. Cuando se construye la forma negativa se debe cambiar la partícula が *(ga)* por la partícula は *(wa)*. La construcción gramatical sería la siguiente:

…が　すきです。
… ga suki desu.
Me gusta …

…は　すきじゃないです。
… wa suki jyanai desu.
No me gusta …

A continuación veremos algunos ejemplos concretos

どんな　おんがくが　すきですか。
Donna ongaku ga suki desu ka.
¿Qué tipo de música le gusta?

ジャズが　すきです。
Jazu ga suki desu.
Me gusta el *jazz*.

クラシックは　すきじゃないです。
Kurashikku wa suki ja nai desu.
No me gusta la música clásica.

Oraciones comparativas

Cuando se comparan dos cosas, en japonés se hace uso de la construcción gramatical …と…と どちら が… *(…to…to dochira…)* que significa literalmente «¿cuál de los dos…?». Las dos partículas と *(to)* actúan como nexos entre los términos de la comparación:

ジャズと　クラシックと　どちらが　すきですか。
Jazu ***to*** *kurashikku* ***to dochira*** *ga suki desu ka.*
¿Qué te gusta más: el *jazz* o la música clásica?

Para contestar, se utiliza …より… *(…yori…)* que significa literalmente «más … que». Veamos los siguientes ejemplos:

ジャズのほうが　クラシックより　すきです。
Jazu no hô ga kurashikku ***yori*** *suki desu.*
Me gusta más el *jazz* que la música clásica.

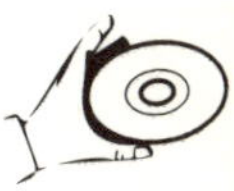

うまは　いぬより　大きいです。
Uma wa inu ***yori*** *ôkii desu.*
El caballo es más grande que el perro.

日本は　アメリカより　小さいです。
Nihon wa amerika ***yori*** *chîsai desu.*
Japón es más pequeño que Estados Unidos.

うまと　いぬと　どちらが　大きいですか。
Uma ***to*** *inu* ***to dochira*** *ga ôkii desu ka.*
¿Qué es más grande un caballo o un perro?

うまのほうが（いぬより）おおきいです。
Uma no hô ga (inu yori) ôkii desu.
El caballo es más grande [que el perro].

日本と　アメリカと　どちらが　小さいですか。
Nihon ***to*** *amerika* ***to dochira*** *ga chîsai desu ka.*
¿Qué país es más pequeño: Japón o Estados Unidos?

日本のほうが　小さいです。
Nihon no hô ga chîsai desu.
Japón es más pequeño [que Estados Unidos].

Recuerde que la expresión どちら *(dochira)* significa «¿cuál de los dos…?». Finalmente, para concluir este apartado mostraremos un pequeño esquema para construir oraciones comparativas en japonés:

Aは	B より	ADJETIVO です。
A wa	*B yori*	*desu.*
A es más [adjetivo] que B.		

(A) のほうが	(B) より	ADJETIVO です。
(A) no hô ga	*(B) yori*	*desu.*
(A) es más [adjetivo] que (B).		

El superlativo
Este es el esquema básico para la formación del superlativo:

(A) は………で　一ばん………です。
(A) wa ……… de ichi-ban ……… desu.
(A) es más ………………

Para realizar la misma expresión en forma interrogativa, se pueden dar las siguientes construcciones modelo:

なに	が	一ばん.........ですか。
Nani	*ga*	*ichiban .... desu ka.*
¿Qué es más...?		

だれ *Dare*	*ga*	*ichiban .... desu ka.*
¿Quién es más...?		

いつ *Itsu*	*ga*	*ichiban .... desu ka.*
¿Cuándo es más...?		

どこ *Doko*	*ga*	*ichiban .... desu ka.*
¿Dónde es más...?		

どれ *Dore*	*ga*	*ichiban .... desu ka.*
¿Cuál es más...?		

Veamos algunos ejemplos:

あなたは　くだもので　なにが　一ばん　すきですか。
Anata wa kudamono de nani ga ichiban suki desu ka.
¿Qué le gusta más?

みかんが　一ばん　すきです。
Mikan ga ichi-ban suki desu.
Me gustan más las mandarinas.

よしこさんは　クラスで　一ばん　わかいです。
Yoshiko-san wa kurasu de ichi ban wakai desu.
La señorita Yoshiko es la más joven de la clase.

一ばん　大きい　どうぶつは　ぞうです。
Ichiban ôkii dôbutsu wa zô desu.
El animal más grande es el elefante.

車と　電車と　ひこうきで　どれが　一ばん　はやいですか。
Kuruma to densha to hikôki de dore ga ichiban hayai desu ka.
De estos tres medios de transporte, el coche, el tren y el avión, ¿cuál es más rápido?

ひこうきが　一ばん　はやいです。
Hikôki ga ichi ban hayai desu.
El avión es el más rápido.

カナダと　イギリスと　ブラジルで　どこが　一ばん　あついですか。
Kanada to igirisu to burajiru de doko ga ichiban atsui desu ka.
De estos tres países, Canadá, Inglaterra y Brasil, ¿cuál es más cálido?

ブラジルが　一ばん　あついです。
Burajiru ga ichi ban atsui desu.
Brasil es el más cálido.

が (ga)

La partícula が (ga) se aplica en las siguiente oraciones:

わたしは　くるまが　ほしいです。
Watashi wa kuruma ga hoshii desu.
Quiero un coche.

わたしは　ジャズが　すきです。
Watashi wa jazu ga suki desu.
Me gusta el *jazz*.

わたしは　えいごが　わかります。
Watashi wa eigo ga wakarimasu.
Entiendo inglés.

さとうさんは　子どもが　二人　あります。
Satô-san wa kodomo ga futari arimasu.
El señor Satô tiene dos hijos.

アナさんは　ドイツごが　できます。
Aana-san wa doitsu-go ga dekimasu.
La señorita Ana sabe alemán

わたしは　じしょが　いります。
Watashi wa jisho ga irimasu.
Necesito un diccionario.

Ejercicios（練習問題）

Ejercicio 1

Complete las siguientes oraciones:

1. わたしは　オペラ....................すきです。

   Watashi wa opera .... suki desu.

   Me gusta la ópera.

2. わたしは　よく　ジャズ....................ききます。

   Watashi wa yoku jazu .... kikimasu.

   Escucho a menudo el *jazz.*

3. あなたは　クラシックと　ジャズと....................すきですか。

   Anata wa kurashikku to jazu to .... suki desu ka.

   ¿Qué música te gusta más: la clásica o el *jazz*?

4. クラシックの....................すきです。

   Kurashikku no .... suki desu.

   Me gusta más la música clásica.

5. アメリカは　日本....................大きいです。

   Amerika wa nihon .... ôkii desu.

   América es más grande que Japón.

6. あなたはスポーツ................なにが....................すきですか。

   Anata wa supôtsu .... nani ga .... suki desu ka.

   ¿Qué deporte te gusta más?

7. テニスが......................すきです。

   Tenisu ga .... suki desu.

   Me gusta más el tenis.

8. ホセさんと　ペドロさんと　ルイスさんで.............. ....
わかいですか。

Hose-san to pedoro-san to ruisu-san de ....wakai desu ka.

De estas personas, José, Pedro o Luis, ¿quién es el más joven?

9. ホセさん........................ーばん　わかいです。

Hose-san .... ichiban wakai desu.

José es el más joven.

10. テレビと　ラジオと　カメラで ....
たかいですか。

Terebi to rajio to kamera de .... takai desu ka.

De estos tres electrodomésticos, el televisor, la radio y la videocámara, ¿cuál es el más caro?

Lección 12

Sufijos numerales
すうし *(sûshi)*

Diálogo（本文）

てんいん：いらっしゃいませ。
アナ：すみません。この りんごを いつつと みかんを 一キロ ください。それから、バナナを ろっぽん ください。
てんいん：まいど ありがとうございます。メロンは いかがですか。
アナ：そうですね、きょうは いいです。
てんいん：それでは ぜんぶで 1600 えん です。

Ten'in: *Irasshaimase.*
Ana: *Sumimasen. Kono rigo o itsutsu to mikan o ichi-kiro kudasai. Sorekara, banana o roppon kudasai.*
Ten'in: *Maido arigatô gozaimasu. Meron wa ikaga desu ka.*
Ana: *Sô desu ne. Kyô wa ii desu.*
Ten'in: *Sorede wa zenbu de 1.600 en desu.*

Vendedor: ¿Qué desea?
Ana: Disculpe, deme cinco manzanas de estas y un kilo de mandarinas. Y seis plátanos, por favor.
Vendedor: Muchas gracias. ¿Quiere un melón?
Ana: No, gracias.
Vendedor: 1.600 yenes, por favor.

Gramática (文法)

Numerales

En japonés existen sufijos numerales para contar cosas que no se contabilizan con los números cardinales (いち, *ichi;* に, *ni;* さん, *san*...). Seguidamente, se muestran los más utilizados para contar cosas en general y cosas tipificadas en función de su tamaño, superficie o volumen.

Cosas en general
Para contabilizar cosas en general se utilizan las siguientes formas:

1 ひとつ	*hitotsu*	6 むっつ	*muttsu*
2 ふたつ	*futatsu*	7 ななつ	*nanatsu*
3 みっつ	*mittsu*	8 やっつ	*yattsu*
4 よっつ	*yottsu*	9 ここのつ	*kokonotsu*
5 いつつ	*itsutsu*	10 とお	*tô*
¿cuántas? いくつ	*ikutsu*		

A partir de diez se utilizan los números cardinales: 11, じゅういち *(jûichi);* 12, じゅうに *(jûni);* 13, じゅうさん *(jûsan),* etc.

りんごを　いくつ　かいましたか。
Ringo o ikutsu kaimashita ka.
¿Cuántas manzanas has comprado?

ななつ　かいました。
Nanatsu kaimashita.
He comprado siete.

Personas

Para contabilizar personas se utilizan las siguientes formas:

1, ひとり	*hitori*	6 ろくにん	*roku-nin*
2 ふたり	*futari*	7 しちにん	*shichi-nin*
3 さんにん	*san-nin*	8 はちにん	*hachi-nin*
*4 よにん	*yo-nin*	9 きゅうにん	*kyû-nin*
5 ごにん	*go-nin*	くにん	*ku-nin*
¿cuántas? なんにん	*nan-nin*	10 じゅうにん	*jû-nin*

*よにん (*yo-nin*) puede experimentar un cambio fonético y decirse しにん (*shi-nin*).

おとこのこは　なんにん　いますか。
Otoko no ko wa nan-nin imasu ka.
¿Cuántos niños hay?

ごにん　います。
Go-nin imasu.
Hay cinco.

Orden numérico

También se pueden utilizar formas numerales para indicar preferencia por determinados objetos o cosas. Para establecerla se utilizan estos numerales:

1.° いちばん	*ichi-ban*	6.° ろくばん	*roku-ban*
2.° にばん	*ni-ban*	7.° ななばん	*nana-ban*
3.° さんばん	*san-ban*	8.° はちばん	*hachi-ban*
4.° よんばん	*yon-ban*	9.° きゅうばん	*kyû-ban*
5.° ごばん	*go-ban*	10.° じゅうばん	*jû-ban*
¿en qué orden? なんばん	*nan-ban*		

くだもので　なにが　いちばん　すきですか。
Kudamono de nani ga ichi-ban suki desu ka.
¿Cuál es la fruta que más le gusta?

みかんが　いちばん　すきです。
Mikan ga ichi-ban suki desu.
Me gusta más la mandarina.

Cosas planas
Cuando se quiera contabilizar cosas planas, se deben utilizar las siguientes formas:

1 いちまい	*ichi-mai*	6 ろくまい	*roku-mai*
2 にまい	*ni-mai*	7 ななまい	*nana-mai*
3 さんまい	*san-mai*	8 はちまい	*hachi-mai*
4 よんまい	*yon-mai*	9 きゅうまい	*kyû-mai*
5 ごまい	*go-mai*	10 じゅうまい	*jû-mai*
¿cuántas? なんまい	*nan-mai*		

Ejemplos:
１００円きってを　五まい　ください。
Hyaku-en kitte o go-mai kudasai.
Deme cinco sellos de cien yenes.

きのう　シャツを　二まい　かいました。
Kinô shatsu o ni-mai kaimashita.
Ayer compré dos sellos.

Libros y revistas

Cuando se contabilizan publicaciones periódicas se utilizan los siguientes numerales:

1 いっさつ	*issatsu*	6 ろくさつ	*roku-satsu*
2 にさつ	*ni-satsu*	7 ななさつ	*nana-satsu*
3 さんさつ	*san-satsu*	8 はっさつ	*hassatsu*
4 よんさつ	*yon-satsu*	9 きゅうさつ	*kyû-satsu*
5 ごさつ	*go-satsu*	10 じゅっさつ	*jussatsu*
¿cuántos? なんさつ	*nan-satsu*		

Ejemplos:

ここに　えいごの　本が　二さつ　あります。

Koko ni eigo no hon ga nisatsu arimasu.

Aquí hay dos libros de inglés.

じしょを　三さつ　ください。

Jisho o sansatu kudasai.

Deme tres diccionarios.

Cosas alargadas

Objetos como botellas, lápices, paraguas, y otros por el estilo se contabilizan con los numerales que se muestran a continuación. Debe tenerse en cuenta que existen algunas diferencias fonéticas cuando escribimos estos numerales en hiragana (ほん, *hon;* ぽん, *pon* y ぼん, *bon*), aunque en kanji la escritura permanece invariable.

1 いっぽん（一本）*ippon*	6 ろっぽん（六本）*roppon*
2 にほん　（二本）*ni-hon*	7 ななほん（七本）*nana-hon*
3 さんぼん（三本）*sambon*	8 はっぽん（八本）*happon*
4 よんほん（四本）*yon-hon*	9 きゅうほん（九本）*kyû-hon*
5 ごほん　（五本）*go-hon*	10 じゅっぽん（十本）*juppon*
¿Cuántas? なんぼん（何本）*nan-bon*	

えんぴつ二本。
Enpitsu ni-hon.
Dos lápices.

ビール四本。
Bîru yon-hon.
Cuatro cervezas.

Máquinas y aparatos domésticos

Cuando se quiera contabilizar máquinas y electrodomésticos o aparatos para el hogar de cualquier tipo y automóviles, se utilizarán las siguientes formas:

1 いちだい	*ichi-dai*	6 ろくだい	*roku-dai*
2 にだい	*ni-dai*	7 ななだい	*nana-dai*
3 さんだい	*san-dai*	8 はちだい	*hachi-dai*
4 よんだい	*yon-dai*	9 きゅうだい	*kyu-dai*
5 ごだい	*go-dai*	10 じゅうだい	*jû-dai*
¿Cuántos? なんだい *nan-dai*			

くるま　いちだい。
Kuruma ichi-dai.
Un coche.

でんわ　にだい。
Denwa ni-dai.
Dos teléfonos.

ラジオ　さんだい。
Rajio san-dai.
Tres radios.

Bebidas en recipiente

1 いっぱい	*ippai*	6 ろっぱい	*roppai*
2 にはい	*ni-hai*	7 ななはい	*nana-hai*
3 さんばい	*sambai*	8 はっぱい	*happai*
4 よんはい	*yon-hai*	9 きゅうはい	*kyû-hai*
5 ごはい	*go-hai*	10 じゅっぱい	*juppai*
¿Cuántas? なんばい *nan-bai*			

コーヒー　いっぱい。
Kôhî ippai.
Una taza de café.

こうちゃ　にはい。
Kôcha ni-hai.
Dos tazas de té.

Frecuencia

Para referirse a la frecuencia o número de veces que se realiza una determinada acción, en japonés se utiliza otra serie de numerales:

1 いっかい	*ikkai*	6 ろっかい	*rokkai*
2 にかい	*ni-kai*	7 ななかい	*nana-kai*
3 さんかい	*san-kai*	8 はっかい	*hakkai*
4 よんかい	*yon-kai*	9 きゅうかい	*kyû-kai*
5 ごかい	*go-kai*	10 じゅっかい	*jukkai*
¿Cuántos? なんかい *nan-kai*			

Plantas de un edificio

Desde el punto de vista de la fonética esta serie de sufijos numerales para contabilizar pisos es casi idéntica que la de frecuencia, con la diferencia de さんかい (*san-kai:* tres veces) y さんがい (*san-gai:* tercer piso), なんかい (*nan-kai:* ¿cuántas veces?) y なんがい (*nan-gai:* ¿qué piso?).

1.º いっかい	*ikka*	6.º ろっかい	*rokkai*
2.º にかい	*ni-kai*	7.º ななかい	*nana-kai*
3.º さんがい	*san-gai*	8.º はっかい	*hakkai*
4.º よんかい	*yon-kai*	9.º きゅうかい	*kyû-kai*
5.º ごかい	*go-kai*	10.º じゅっかい	*jukkai*
¿En qué piso? なんがい *nan-gai*			

しょくどうは　二かいです。
Shokudô wa ni-kai desu.
El comedor está en el segundo piso.

このビルは　七かいまで　あります。
Kono biru wa nana-kai made arimasu.
Este edificio tiene siete plantas.

Cosas pequeñas
Para contabilizar cosas pequeñas en general.

1 いっこ	*ikko*	6 ろっこ	*rokko*
2 にこ	*ni-ko*	7 ななこ	*nana-ko*
3 さんこ	*san-ko*	8 はっこ	*hakko*
4 よんこ	*yon-ko*	9 きゅうこ	*kyû-ko*
5 ごこ	*go-ko*	10 じゅっこ	*jukko*
¿Cuántas? なんこ *nan-ko*			

Edad
〜さい *(-sai)* es un sufijo para contar la edad, pero este sufijo no es de uso obligatorio. A menudo se utilizan sólo los números, sin este sufijo característico.

1 いっさい	*issai*	6 ろくさい	*roku-sai*
2 にさい	*ni-sai*	7 ななさい	*nana-sai*
3 さんさい	*san-sai*	8 はっさい	*hassai*
4 よんさい	*yon-sai*	9 きゅうさい	*kyû-sai*
5 ごさい	*go-sai*	10 じゅっさい	*jussai*
¿Cuántos? なんさい *nan-sai*			

Casas

Esta serie de sufijos numerales se utiliza para contabilizar edificios que tengan forma de casa y también para referirse a una serie de pisos o de viviendas.

1 いっけん	*ikken*	6 ろっけん	*rokken*
2 にけん	*ni-ken*	7 ななけん	*nana-ken*
3 さんげん	*san-gen*	8 はっけん	*hakken*
4 よんけん	*yon-ken*	9 きゅうけん	*kyû-ken*
5 ごけん	*go-ken*	10 じゅっけん	*jukken*
¿Cuántas? なんけん／なんげん *nan-ken / nan-gen*			

Ejercicios（練習問題）

Ejercicio 1

Escriba el sufijo numeral que corresponda en las siguientes oraciones:

1. このがっこうの　せいとは　五百 .... です。

   Kono gakkô no seito wa gohyaku .... desu.

   En esta escuela hay quinientos alumnos.

2. きのう　本を　三 .... よみました。

   Kinô hon o san .... yomimashita.

   Ayer leí tres libros.

3. ハワイから　えはがきが　二 .... 来ました。

   Hawai kara ehagaki ga ni .... kimashita.

   Recibí dos postales de Hawai.

4. ビールを　五 .... ください。

Bîru o go .... kudasai.

Deme tres cérvezas.

5. このテレビは　一 .... いくらですか。

Kono terebi wa ichi .... ikura desu ka.

¿Cuánto vale este televisor?

6. しょくどうは　なん .... ですか。

Shokudô wa nan .... desu ka.

¿En qué planta está el comedor?

7. 九 .... です。

Kyû .... desu.

Está en la novena planta.

8. ここに　たまごが　二十 .... あります。

Kokoni tamago ga nijû .... arimasu.

Aquí hay veinte huevos.

9. かとうさんは　スペインへ　三 .... 行きました。

Katô san wa supein e san .... ikimashita.

El señor Satô fue tres veces a España.

10. このまちには　こうえんが .... あります。

Kono machi ni wa kôen ga .... arimasu.

En esta ciudad hay ocho parques.

Lección 13

Quiero un coche

くるまがほしいです (*kuruma ga hoshii desu*)

Diálogo（本文）

マルタ：やすおさん、いま、なにがほしいですか。
やすお：そうですね。いま、くるまがーばん　ほしいですよ。
マルタ：どんな　くるまが　ほしいですか。
やすお：白い　スポーツカが　ほしいですね。マルタさんは　いま　なにか　ほしいですか。
マルタ：わたしは　カメラを　かいたいです。それから、それをもって りょこうを　したいです。くるまは ほしくないです。

Maruta: *Yasuo-san, ima, nani ga hoshii desu ka.*
Yasuo: *Sô desu ne. Ima, kuruma ga ichi-ban hoshii desu yo.*
Maruta: *Donna kuruma ga hoshii desu ka.*
Yasuo: *Shiroi supôtsukâ ga hoshii desu ne. Maruta-san wa ima nanika hoshii desu ka.*
Maruta: *Watashi wa kamera o kaitai desu. Sorekara, sore o motte ryokô o shitai desu. Kuruma wa hoshikunai desu.*

Marta: Señor Yasuo, ¿qué desea?
Yasuo: Quiero un coche.
Marta: ¿Qué tipo de coche desea?
Yasuo: Quiero un coche deportivo de color blanco. ¿Quieres algo, Marta?
Marta: Yo no quiero un coche. Quiero comprar una cámara de fotos para llevarla de viaje.

Gramática（文法）

ほしい (hoshii)

ほしい *(hoshii)* significa «querer» en lenguaje coloquial y «desear» si se utiliza con una variedad más estandarizada.

Cuando se utilice el verbo *hoshii* no se debe usar la partícula を *(o)* después del complemento directo, sino que en su lugar se escribirá が *(ga)*.

（わたしは）くるまが　ほしいです。
(Watashi wa) kuruma ***ga*** *hoshii desu.*
Yo quiero un coche.

（わたしは）カメラが　ほしいです。
(Watashi wa) kamera ***ga*** *hoshii desu.*
Yo quiero una cámara.

Asimismo, la forma 〜がほしい *(-ga hoshii)* puede ir acompañada de です *(desu)* para dar más formalidad a la frase:

くるまは　ほしくない　です。
Kuruma wa hoshikunai desu.
No quiero un coche.

くるまは　ほしく　ありません。
Kuruma wa hoshiku arimasen.
No quiero un coche.

Para construir frases negativas se utiliza la partícula は *(wa)* en lugar de が *(ga)*.

くるまが　ほしかった　です。
Kuruma ga hoshikatta desu.
Quería un coche.

くるまは　ほしくなかったです。
***Kuruma wa** hoshi**kunakatta** desu.*
No quería un coche.

くるまは　ほしくありませんでした。
***Kuruma wa** hoshi**ku arimasendeshita**.*
No quería un coche.

たいです (-tai desu)

En japonés, la forma querer + infinitivo se obtiene añadiendo la forma たいです *(-tai desu)* a la raíz de la forma ます *(masu)* del verbo que corresponda. Véase seguidamente la formación de algunas perífrasis verbales:

いきます *(ikimasu)*	いきたいです (*iki**tai desu:*** querer ir)
のみます *(nomimasu)*	のみたいです (*nomi**tai desu:*** querer beber)
たべます *(tabemasu)*	たべたいです (*tabe**tai desu:*** querer comer)
みます *(mimasu)*	みたいです (*mi**tai desu:*** querer mirar)
します *(shimsau)*	したいです (*shi**tai desu:*** querer hacer)
きます *(kimasu)*	きたいです (*ki**tai desu:*** querer venir)

Cuando se utiliza la forma ～たい *(-tai)* la frase adquiere un registro coloquial, y si se añade です *(desu)* se consigue el registro estándar.

(わたしは) くるまを　かいたいです。
(Watashi wa) kuruma o kaitai desu.
Quiero comprar un coche.

(わたしは) カメラを　かいたいです。
(Watashi wa) kamera o kaitai desu.
Quiero una cámara.

FORMA NEGATIVA
行きたいです, *ikitai desu:* querer ir.
行きたくないです, ***ikitakunai desu:*** no querer ir.
行きたくありません, ***ikitaku arimasen:*** no querer ir.

FORMA PRETÉRITA AFIRMATIVA
行きたかったです, ***ikitakatta desu:*** quería ir.

FORMA PRETÉRITA NEGATIVA
行きたくなかったです, ***ikitakunakatta desu:*** no quería ir.
行きたくありませんでした, ***ikitaku arimasen deshita:*** no quería ir.

Ejercicios（練習問題）

Ejercicio 1
Complete las siguientes oraciones:

1. あなたは　いま .... ほしいですか。
   Anata wa ima .... hoshii desu ka.
   ¿Qué quieres ahora?

2. あなたは　いま .... ほしいですか。
   Anata wa ima .... hoshii desu ka.
   ¿Quieres algo ahora?

3. くるま .... ほしいです。
   Kuruma .... hoshii desu.
   Quiero un coche.

4. くるまは .... です。

   Kuruma wa .... desu.

   No quiero uń coche.

5. .... 行きたいですか。

   .... ikitai desu.

   ¿ Dónde quieres ir?

6. どこへも .... です。

   Doko e mo .... desu.

   No quiero ir a los grandes almacenes.

7. きのう、デパートへ .... です。

   Kinio depâto e .... desu.

   Ayer, quería ir a los grandes almacenes.

8. 月よう日は　かいしゃへ .... です。

   Getsu-yôbi wa kaisha e .... desu.

   No quería ir a la empresa el lunes.

Lección 14

No fume, por favor
たばこをすわないでください
(tabako o suwanaide kudasai)

Diálogo（本文）

すずき：のどが　いたいの（ん）ですが。
いしゃ：あ、かぜですね。ねつも　ありますか。
すずき：いいえ、ねつは　ありませんが、あたまが　すこしいたいです。
いしゃ：かぜが　なおるまで、たばこをすわないでください。つめたいものものまないでください。すぐ　なおるでしょう。
すずき：わかりました。くすりを　のんでゆっくり　やすみます。

Suzuki: *Nodo ga itai no(n) desu ga.*
Isha: *A, kase desu ne. Netsu mo arimasu ka.*
Suzuki: *Iie, netsu wa arimasen ga, atama ga sukoshi itaidesu.*
Isha: *Kaze ga naoru made, tabako o suwanaide kudasai. Tsumetai mono mo nomanaide kudasai. Sugu naoru deshô.*
Suzuki: *Wakarimashits. Kusuri o nonde, yukkuri yasumimasu.*

Suzuki: Me duele la garganta.
Médico: Debe estar resfriado. ¿Tiene fiebre también?
Suzuki: No tengo fiebre, pero me duele un poco la cabeza.
Médico: No fume, por favor, hasta que se cure el resfriado. Tampoco beba cosas frías. Pronto se curará.
Suzuki: De acuerdo. Tomaré la medicina y descansaré tranquilamente.

Gramática（文法）

～ないでください (-naide kudasai)

Naide kudasai es una expresión de mandato en sentido negativo, cuya traducción literal sería «no … por favor». Esta estructura gramatical se construye con la forma ない *(nai)* del verbo (previamente se debe aislar la raíz del verbo tal y como se muestra en la tabla) + でください *(de kudasai).*

FORMA DE DICCIONARIO	FORMA MASU	FORMA NAI
すう	すいます	すわない
suu	***suimasu***	***suwanai***

たばこを　すわないで　ください。
Tabako o ***suwanaide kudasai.***
No fume, por favor.

くるまを　とめないで　ください。
Kuruma o tomenaide kudasai.
No aparque el coche, por favor.

日本へ　行かないで　ください。
Nihon e ikonaide kudasai.
No se vaya a Japón, por favor.

あした　こないで　ください。
Ashita konaide kudasai.
No venga mañana, por favor.

べんきょうしないで　ください。
Benkô shinaide kudasai.
No estudie, por favor.

かぜをひく (kaze o hiku)

Kaze o hiku significa literalmente «coger un resfriado». Existen otras construcciones similares a esta y que son muy utilizadas:

あたまが　いたい	*atama ga itai*	doler la cabeza
のどが　いたい	*nodo ga itai*	doler la garganta
ねつが　ある	*netsu ga aru*	tener fiebre
せきが　でる	*seki ga deru*	tener tos
せきを　する	*seki o suru*	tener tos
くしゃみが　でる	*kushami ga desuru*	estornudar
くしゃみを　する	*kushami o suru*	estornudar

わたしは　いま　かぜを　ひいています。
Watashi wa ima kaze o hiite imasu.
Estoy resfriado.

(わたしは)　かぜを　ひきました。
(Watashi wa) kaze o hikimashita.
He cogido un resfriado.

いたいの（ん）です (itaino desu)

Itaino desu se escribiría correctamente de esta manera いたい　です *(itai desu),* pero el registro coloquial ha extendido un uso mucho más generalizado, por ello es mucho más común escribir いたいのです *(itai**no** desu)* o いたいんです *(itai**n** desu)*. En este último caso, la [o] de *no* es muda y no se pronuncia.

FORMA DICCIONARIO	FORMA AFIRMATIVA	FORMA NEGATIVA
行く	行くんです	行かないんです
iku, ir	*iku**n** desu*	*ikanai**n** desu*
	行ったんです	行かなかったんです
	*itta**n** desu*	*ikanakatta**n** desu*

Esta forma de hablar equivale respectivamente a lo siguiente:

行く	行きます	行きません
iku, ir	*ikimasu*	*ikimasen*
	行きました	行きませんでした
	ikimashita	*ikimasendeshita*

いつ　日本へ　行くんですか。
*Itsu Nihon e iku**n** desu ka.*
¿Cuándo va a Japón?

その本は　どこで　かったんですか。
*Sono hon wa doko de katta**n** desu ka.*
¿Dónde compró este libro?

ホセさんは　いつ　くるんですか。
*Hose-san wa itsu kuru**n** desu ka.*
¿Cuándo viene José?

あした　来るんです。
*Ashita kuru**n** desu.*
Vendrá mañana.

～ています (-te imasu)

Te imasu es la forma gramatical japonesa que sirve para construir el presente continuo, es decir, aquella forma verbal que expresa en presente una acción duradera en el tiempo. Se realiza con la forma て *(te)* + います *(imasu).*

アナさんは　本を　よんでいます。
Ana-san wa hon o yonde imasu.
Ana está leyendo un libro.

ねこは　さかなを　たべています。
Neko wa sakana o tabete imasu.
El gato está comiendo pescado.

こどもたちは　はしっています。
Kodomotachi wa hashitte imasu.
Los niños están corriendo.

母は　てがみを　かいています。
Haha wa tegami o kaite imasu.
Mi madre está escribiendo una carta.

おとうとは　べんきょうしています。
Otôto wa benkyô shite imasu.
Mi hermano está estudiando.

あめが　ふっています。
Ame ga futte imasu.
Está lloviendo.

あねは　けっこんしています。
Ane wa kekkon shiteimasu.
Mi hermana está casada.

わたしは　つかれています。
Watashi wa tsukarete imasu.
Estoy cansado.

ぎんこうは　しまっています。
Ginkô wa shimatte imasu.
El banco está cerrado.

パンやは　あいています。
Pan-ya wa aite imasu.
La panadería está abierta.

おなか、すいていますか。
Onaka, suite imasu ka.
¿Tiene hambre?

のどが　かわいています。
Nodo ga kawaite imasu.
Tengo sed.

Uso especial de la forma ています *(te imasu)*:

マリさんは　日本に　すんでいます。
Mari-san wa nihon ni sunde imasu.
Mari vive en Japón. (Y no «está viviendo».)

きっては　タバコやで　うっています。
Kitte wa tabako ya de utte imasu.
Los sellos se venden en el estanco.

今、わたしは　千円もっています。
Ima watashi wa sen -en motte imasu.
Ahora tengo 1.000 yenes.

わたしは　ホセさんを　しっています。
Watashi wa hose-san o shitte imasu.
Conozco al señor José.

わたしは　ホセさんを　しりません。
Watashi wa hose-san o shirimasen.
No conozco al señor José.

El verbo しる (*shiru*, conocer, saber) tiene uso especial. La construcción afirmativa con forma て *(te)* se escribe しっています *(shitte imasu)* y la construcción negativa con la forma ます *(masen)*: しりません *(shirimasen)*.

Ejercicios（練習問題）

Ejercicio 1
Observando el modelo, construya la forma imperativa negativa que corresponda:

1. えいごのほんを　よみます　　　よまないでください
Eigo nohon o yomimasu:　　　*yomanaide kudasai*

2. ワインとビールを　のみます　　　.......................................
Wain to bîru o nomimasu:　　　.......................................

3. ここでたばこを　すいます　　　.......................................
Koko de tabako o suimasu:　　　.......................................

4. あした　バルセロナへ　行きます　　　.......................................
Ashita Baruserona e ikimasu:　　　.......................................

5. 九じに　かいしゃに　来ます　　　.......................................
Kiji ni kaisha ni kimasu:　　　.......................................

6. まいにち　べんきょうします　　　.......................................
Mainichi benkyô shimasu:　　　.......................................

Ejercicio 2
Construya el presente continuo con la forma て *(te)*, siguiendo el modelo:

1. さかなを　たべます　　　たべています
Sakana o tabemasu:　　　*Tabete imasu*

2. ひらがなと かたかなを <u>かきます</u> ....

Hiragana to katakana o kakimasu: ....

3. あめが <u>ふります</u> ....

Ame ga furimasu: ....

4. ともだちは <u>けっこんします</u> ....

Tomodachi wa kekkon shimasu: ....

5. おなかが <u>すきます</u> ....

Onaka ga sukimasu: ....

6. のどが <u>かわきます</u> ....

Nodo ga kawakimasu: ....

Lección 15

Creo que mi hermana también vendrá a Japón

いもうとも日本へ来るとおもいます

(imôto mo Nihon e kuru to omoimasu)

Diálogo（本文）

たかし：スペインの　ごかぞくは　おげんきですか。
エミリオ：はい、けさ　母から　でんわがあって、　みんなげんきだと　いっていました。
たかし：でんわだけじゃなく、ときどきあいたいでしょう？
エミリオ：りょうしんは　きょねん　わたしに　あいに　来ました。ことしは　いもうとも　来るとおもいます。日本ごをべんきょうしたいと言っています。

Takashi: *Supein no go-kazoku wa o-genki desu ka.*
Emirio: *Hai, kesa haha kara denwa ga atte, minna genkida to itte imashita.*
Takashi: *Denwa dake ja naku, tokidoki aitai deshô?*
Emirio: *Ryioshin wa kyonen watashi ni aini kimasgita. Kotoshi wa imôto mo kuru to omoimasu. Nihongo o benkyô shitai to itte imashita.*

Takashi: ¿Está bien tu familia de España?
Emilio: Sí, esta mañana me ha llamado mi madre y me dijo que todos están bien.
Takashi: No te contentarás con hablar por teléfono, sino que querrás verles de vez en cuando, ¿no?
Emilio: Mis padres vinieron el año pasado a verme. Creo que este año mi hermana menor también vendrá. Dice que quiere estudiar japonés.

Gramática（文法）

～と　おもいます (~ to omoimasu)

Significa literalmente «creo que…». Cuando se utilice esta forma gramatical se debe tener en cuenta que antes de と *(to)*, hay que poner el verbo correspondiente que indica la acción con la forma simple (coloquial).

あした、雨が　ふるとおもいます。
*Ashita, ame ga **furu** to omoimasu.*
Creo que mañana lloverá.

よしこさんは　うちに　いないとおもいます。
*Yoshiko-san wa uchi ni **inai** to omoimasu.*
Creo que la señorita Yoshiko no estará en casa.

カルロスさんは　もうスペインへ　かえったとおもいます。
*Karurosu-san wa mô supein e **kaetta** to omoimasu.*
Creo que Carlos ya ha vuelto a España.

あしたも　あついとおもいます。
*Ashita mo **atsui** to omoimasu.*
Creo que mañana también hará calor.

ことしの　ふゆは　さむくないとおもいます。
*Kotoshi no fuyu wa **samukunai** to omoimasu.*
Creo que durante este invierno no hará frío.

これは　はやしさんの　かばんだとおもいます。
*Kore wa hayashi-san no kaban **da** to omoimasu.*
Creo que esta maleta es del señor Hayashi.

とうきょうは　しずかじゃないとおもいます。
*Tôkyô wa shizuka ja **nai** to omoimasu.*
Creo que [la ciudad de] Tokio no es tranquila.

〜と いっています (-to itte imasu) y 〜と いいました (-to iimashita)

Son las dos formas gramaticales específicas para realizar construcciones de estilo indirecto. といっています *(to itte imasu)* significa literalmente «alguien dice que...», mientras que la expresión といいました *(to iimashita)* quiere decir «dijo que...». Ambas expresiones se colocan tras la forma simple del verbo.

おとうとは　くるまが　ほしいと　いっています。
*Otôto wa kuruma ga **hoshii** to itte imasu.*
Mi hermano menor dice que quiere un coche.

いもうとは　あした　どこも　いかないと　いいました。
*Imôto wa ashita doko mo **ikanaki** to iimashita.*
Mi hermana menor dijo que mañana no iría a ningún sitio.

父は　しごとが　とても　いそがしいと　いっています。
*Chichi wa shigoto ga totemo **isogashii** to itteimasu.*
Mi padre dice que está muy ocupado en su trabajo.

あねは　きのう　おもしろい　えいがを　見たと　いいました。
*Ane wa kinô omoshiroi eiga o **mita** to iimashita.*
Mi hermana mayor dijo que ayer vió una película interesante.

あには　こんどの　日よう日、ひまだと　いいました。
*Ani wa kondo no nichiyôbi, **himada** to iimashita.*
Mi hermano mayor dijo que el domingo que viene tendrá tiempo libre.

母は　こんばん　でかけると　いいました。
*Haha wa konban **dekakeru** to iimashita.*
Mi madre dijo que saldría esta noche.

〜でしょう (~deshô)

Es la forma futura de です *(desu)* pero con un significado que denota cierta inseguridad o incerteza acerca del desarrollo de la acción. Se coloca detrás de la forma simple del verbo.

やまださんは　八じに　来るでしょうか。
*Yamada-san wa hachi-ji ni **kuru** deshô ka.*
¿Vendrá el señor Yamada a las ocho?

はなこさんは　きょう　がっこうに　来ないでしょう。
*Hanako-san wa kyô gakkô ni **konai** deshô.*
[Probablemente] Hanako no vendrá hoy a la escuela.

これは　ホセさんの　とけいでしょう。
*Kore wa Hose-san no **tokei** deshô.*
Quizá sea este el reloj de José.

Ejercicios（練習問題）

Ejercicio 1
Complete las siguientes oraciones:

1. ペドロさんは　うちに .... と　おもいます。
   Pedro-san wa uchi ni .... to omoimasu.
   Creo que Pedro **está** en casa.
2. ペドロさんは　うちに .... と　おもいます。
   Pedro-san wa uchi ni .... to omoimasu.
   Creo que Pedro **no está** en casa.
3. あしたは .... と　おもいます。
   Ashita wa .... to omoimasu.
   Creo que mañana **hará frío**.
4. あしたは .... と　おもいます。
   Ashita wa .... to omoimasu.
   Creo que mañana **no hará frío**.

5. これは　かとうさんの　本 .... と　おもいます。

Kore wa katô-san no hon .... *to omoimasu.*

Creo que este **es** el libro del señor Kato.

6. 兄は　えいごで　てがみを .... と　いっています。

Ani wa eigo de tegami o .... *to itte imasu.*

Mi hermano mayor dice que **escribirá** una carta en inglés.

7. エバさんは　きのう　えいがを .... といいました。

Eba-san wa kinô eiga o .... *to iimashita.*

Eva dijo que ayer **vio** una película.

8. みちこさんは　アメリカへ .... と　いっています。

Michiko-san wa amerika e .... *to itte imasu.*

Michiko dice que quiere ir a Estados Unidos.

9. エミリオさんは　あのカメラを .... でしょう。

Emirio-san wa ano kamera o .... *deshô.*

[Probablemente] Emilio **comprará** aquella cámara.

10. やまださんは　きょう　かいしゃに .... でしょう。

Yamada-san wa kyô kaisha ni .... *deshô.*

[Probablemente] el señor Yamada no **vendrá** hoy a la empresa.

Lección 16

¿Sabe inglés?
あなたはえいごができますか
(anata wa wigo ga dekimasu ka)

Diálogo（本文）

カルメン：あなたは　えいごが　できますか。
よし子：できますが、あまり　じょうずじゃないです。よむこと、かくことはできますが、よく　はなせません。あなたは　どうですか。
カルメン：えいごは　すこししか　できませんが、フランスごは　よくできます。しんぶんも　よめます。でんわも　かけられます。
よしこ：ドイツごは？
カルメン：ドイツごは　ぜんぜん　だめです。

Karumen: *Anata wa eigo ga dekimasu ka.*
Yoshiko: *Dekimasu ga, amari jôzu ja naidesu. Yomu koto,kaku koto wa dekimasu ga, yoku hanasemasen. Anata wa dô desu ka.*
Karumen: *Eigo wa sukoshi shika dekimasen ga, furansugo wa yoku dekimasu. Shinbun mo yomemasu. Denwa mo kakeraremasu.*
Yoshiko: *Doitsugo wa?*
Karumen: *Doitsugo wa zenzen dame desu.*

Carmen: ¿Sabes inglés?
Yoshiko: Sí, pero no lo hablo demasiado bien. Puedo leerlo y escribirlo, pero no sé hablarlo bien. Y tú, ¿qué tal?
Carmen: Sé poco inglés, pero sé mucho francés. Puedo leer también el periódico y puedo mantener conversaciones por teléfono.
Yoshiko: ¿Y alemán?
Carmen: De alemán, nada de nada.

Gramática （文法）

できる (dekiru)

Dekiru equivale a nuestro verbo «poder». Con el mismo significado también se puede utilizar la construcción ことができる, *koto ga dekiru*.

カルメンさんは　えいごが　できます。
Karumen-san wa eigo ***ga dekimasu***.
Carmen sabe inglés.

たけしさんは　フランスごが　できません。
Takeshi-san wa furansu-go ***ga dekimasen***.
Takeshi no sabe francés.

ホセさんは　スキーが　できます。
Hose-san wa sukî ***ga dekimasu***.
José sabe esquiar.

はるおさんは　うんてんが　できます。
Haruo-san wa unten ***ga dekimasu***.
Haruo sabe conducir.

カルメンさんは　えいごを　はなすことが　できます。
Karumen-san wa eigo o hanasu ***koto ga dekimasu***.
Carmen puede hablar en inglés.

たけしさんは　フランスごを　はなすことができません。
Takeshi-san wa furansugo o hansu ***koto ga dekimasen***.
Takeshi no sabe escribir en francés.

はるおさんは　うんてん　することが　できます。
Haruo-san wa unten suru ***koto ga dekimasu***.
Haruo puede conducir.

Tal y como se dijo anteriormente, できる *(dekiru)* significa «poder» o «poder hacer». Las oraciones que tengan presente esta forma verbal se podrán construir de la siguiente manera:

a) Nombre + ができる *(ga dekiru).*
Verbo en infinitvo + ことができる *(koto ga dekiru).*

b) Verbo en sí (cuando el propio verbo toma una desidencia que tiene la carga semática potencial:

— verbos del grupo I:

かく *(ka**ku**)*	かける *(ka**keru**)*
escribir	poder escribir
よむ *(yo**mu**)*	よめる *(yo**meru**)*
leer	poder leer
はなす *(hana**su**)*	はなせる *(hana**seru**)*
hablar	poder hablar
かう *(ka**u**)*	かえる *(ka**eru**)*
comprar	poder comprar

— verbos del grupo II:

たべる *(tabe**ru**)*	たべられる *(tabe**rareru**)*
comer	poder comer
おきる *(oki**ru**)*	おきられる *(oki**rareru**)*
levantarse	poder levantarse
ねる *(ne**ru**)*	ねられる *(ne**rareru**)*
acostarse	poder acostarse
いる *(i**ru**)*	いられる *(i**rareru**)*
estar	poder estar

— verbos del grupo III (irregulares):

する *(suru)*	できる *(dekiru)*
hacer	poder
くる *(kuru)*	こられる *(korareru)*
venir	poder venir

しか (shika)

Shika es una expresión que se utiliza para expresar la singularidad de una acción. La traducción literal de しか～ (shika~) es «no … más que». La oración se expresa en forma negativa.

かれは　やさいしか　たべません。
Kare wa yasai ***shika*** *tabe****masen****.*
Él no come más que verdura.

おとうとは　日よう日しか　べんきょうしません。
Otôto wa nichi yôbi ***shika*** *benkyô* ***shimasen****.*
Mi hermano menor no estudia más que el domingo.

わたしは　今　五百円　しか　もっていません。
Watashi wa ima gohyaku-en ***shika*** *motte* ***imasen****.*
Ahora no tengo más que 500 yenes.

このがっこうの　先生は　五人しか　いません。
Kono gakkô no sensei wa gonin ***shika imasen****.*
En esta escuela no hay más que cinco profesores.

ぜんぜん (zenzen)

Zenzen significa «no», «nada», «en absoluto» y «de ninguna manera». Véanse a continuación algunos ejemplos:

ドイツごは　ぜんぜん　だめです。
Doitsugo wa ***zenzen*** *dame desu.*
No sé nada en absoluto de alemán.

この本は　ぜんぜん　おもしろくない。
Kono hon wa ***zenzen*** *omoshiroku nai.*
Este libro no es nada interesante.

わたしは　さとうさんを　ぜんぜん　おぼえていません。
Watashi wa satô-san o **zenzen** ***oboete imasen.***
No me acuerdo absolutamente nada del señor Sato.

Ejercicios（練習問題）

Ejercicio 1

Cambie a la forma potencial los verbos de las siguientes oraciones, tomando como pauta el modelo:

1. スペインごを　はなします。	スペインごが　はなせます。
Supein-go ***o hanashimasu.***	*Supein go* ***ga hanasemasu****.*
Hablo español.	Puedo hablar español.
2. はしを　つかいます。	....
Hashi o tsukaimsu.	....
Utilizo palillos.	
3. かんじを　よみます。	....
Kanji o yomimasu.	....
Leo kanji.	
4. うちを　かいます。	....
Uchi o kaimasu.	....
Compro una casa.	
5. 五じはんに　おきます。	....
Go-ji han ni okimasu.	....
Me levanto a las cinco	

6. 土よう日に　来ます。 ....

Doyôbi ni kimasu . ....

Vendré el sábado:

7. 二じかん　べんきょうします。 ....

Nijikan benkyô shimasu. ....

Estudio dos horas.

8. くるまで　行きます。 ....

Kuruma de ikimasu. ....

Voy en coche.

9, えきまで　あるきます。 ....

Eki made arukimasu. ....

Ando hasta la estación.

10. 四じまで　ここに　います。 ....

Yoji made koko ni imasu. ....

Estaré hasta las cuatro.

Lección 17

Dar y recibir

あげる（やる）／もらう／くれる

(ageru o *yaru / morau / kureru)*

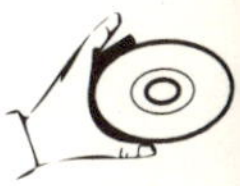

Diálogo (本文)

けん：きのうは　たんじょうび　でしたね。プレゼントは　なにを　もらいましたか。
アナ：この　とけいと　ほんを　もらいました。
けん：いい　とけい　ですね。ほんは　どんな　ほん　ですか。
アナ：にほん　りょうりの　ほんです。おもしろいですよ。
けん：いちど　ごちそう　してください。
アナ：わかりましたよ。

Ken: *Kinô wa tanjôbi deshita ne. Prezento wa nani o moraimashita ka.*
Ana: *Kono tokei to hon o moraimashita.*
Ken: *II tokei dsu ne. Hon wa donna hon desu ka.*
Ana: *Nihon ryôri no hon desu. Omoshiroi desu yo.*
Ken: *Ichido gochisô shite kudasai.*
Ana: *Wakarimashita yo.*

Ken: Ayer fue tu cumpleaños, ¿verdad? ¿Qué te han regalado?
Ana: Me han regalado este reloj y un libro.
Ken: Buen reloj, ¿verdad? ¿Qué tipo de libro te han regalado?
Ana: Es un libro sobre cocina japonesa. Es muy interesante.
Ken: ¿Por qué no me invitas algún día?
Ana: De acuerdo.

Gramática（文法）

あげる／あげます (ageru / agemasu)

あげる, *ageru* significa «dar», pero nunca se puede traducir con valor reflexivo. Su acción se encamina hacia una segunda persona. El sujeto de la oración es la persona que realiza la acción de dar.

わたしは　アナさんに　本を　あげます。
*Watashi wa Ana-san ni hon o **agemasu**.*
Doy un libro a Ana.

田中さんは　ホセさんに　シャツを　あげました。
*Tanaka-san wa Hose-san ni shatsu o **agemashita**.*
El señor Tanaka dio una camisa a José.

父は　母に　プレゼントを　あげました。
*Hichi wa haha ni purezento o **agemashita**.*
Mi padre dio un regalo a mi madre.

(あなたは) あのとけいを　だれに　あげましたか。
*(Anata wa) ano tokei o dare ni **agemashita** ka.*
¿A quién diste aquel reloj?

もらう／もらいます (morau / moraimasu)

Morau significa «recibir». En este caso el sujeto de la acción es el paciente que recibe.

ホセは　田中さんに（から）シャツを　もらいました。
*Hose wa Tanaka-san ni (kara) shatsu o **moraimashita**.*
José recibió una camisa del señor Tanaka.

母は　父に（から）プレゼントを　もらいました。
Haha wa chichi ni (kara) purezento o ***moraimashita.***
Mi madre recibió un regalo de mi padre.

おとうとは　おにいさんに（から）　お金を　もらいます。
Otôto wa oniisan ni (kara) okane o ***moraimasu.***
El hermano menor recibe el dinero de su hermano mayor.

あなたは　そのとけいを　だれに（から）もらいましたか。
Anata wa sono tokei o dare ni (kara) ***moraimashita*** *ka.*
¿De quién recibiste este reloj?

くれる／くれます (kureru / kuremasu)

くれる *(kureru)* significa también «dar», pero su acción se transmite hacia sí mismo, tiene valor reflexivo, «a mí». El sujeto de la oración es la persona que da.

よし子さんは　わたしに　じしょを　くれました。
Yoshiko-san wa watashi ni jisho o ***kuremashita.***
Yoshiko me dio un diccionario.

はるおさんは　おとうとに　おもちゃを　くれました。
Haruo-san wa otôto ni omocha o ***kuremashita.***
Haruo le dio a mi hermano menor un juguete.

この　ＣＤは　だれが　（あなたに）　くれましたか。
Kono CD wa dare ga anata ni ***kuremashita*** *ka.*
¿Quién te dio este CD?

やる／やります (yaru / yarimasu)

Yaru/yarimasu tiene el mismo significado que あげる／あげます *(ageru / agemasu,* dar), pero se usa concretamente en los tres tipos de construcciones o situaciones siguientes: regar las flores, dar comida a los animales y dar alguna cosa a las personas del mismo rango o inferior.

はなに　水を　やります。
Hana ni mizu o ***yarimasu****.*
Regar las flores.

とりに　えさを　やります。
Tori ni esa o ***yarimasu****.*
Dar comida al pájaro.

いもうとに　えんぴつを　やります。
Imôto ni enpitsu o ***yarimasu****.*
Doy un lápiz a mi hermana menor.

〜て　＋あげる、もらう、くれる (- te + ageru, morau, kureru)
あげる (やる), *(ageru* o *yaru),* もらう, *(morau)* y くれる, *(kureru)* son formas gramaticales que se pueden combinar con la forma て *(te)* de otros verbos. El significado de esta expresión es «hacer un favor…».

かんじを　おしえて　あげる。
Kanji o oshiete ***ageru****.*
[Hago el favor de] enseñar el kanji [a alguien].

くつを　かって　あげる。
Kutsu o katte ***ageru****.*
[Hago el favor de] comprar los zapatos [a alguien].

母は　わたしに　スカートを　かってくれました。
Haha wa watashi ni sukâto o katte ***kuremashita****.*
Mi madre me compró una falda.

そのラジカセは　だれが　プレゼントしてくれましたか。
Sono rajikase wa dare ga purezento shite ***kuremashita*** *ka.*
¿Quién te regaló este radiocassette?

てがみを　かいてあげましょうか。
Tegami o kaite ***agemashô*** *ka.*
¿Quiere que le escriba la carta?

かさを　かしてあげましょうか。
Kasa o kashite ***agemashô*** *ka.*
¿Quiere que le preste el paraguas?

Ejercicios（練習問題）

Ejercicio 1
Complete las oraciones siguientes con una de las siguientes formas: あげる *(ageru)*; もらう *(morau)*;くれる *(kureru)* o ます *(masu)*.

1. わたしは　マリアさんに　とけいを: ....
   Watashi wa maria-san ni tokei o: ....
   Doy un reloj a María.
2. マリアさんは　わたしに　ハンドバッグを: ....
   Maria-san wa watashi ni handobaggu o: ....
   María me dio un bolso.
3. あなたは　その　じしょを　だれに: ....
   Anata wa sono jisho o dare ni: ....
   ¿De quién recibiste [quién te dio] ese diccionario?

4. 田中さんは　やまださんに　かばんを: ....

Tanaka-san wa Yamada-san ni kaban o: ....

El señor Tanaka dio una maleta al señor Yamada.

5. 母は　わたしに　セーターを　かって: ....

Haha wa watashi ni sêtâ o katte: ....

Mi madre me compró un suéter.

6. わたしは　母に　セーターを　かって: ....

Watashi wa haha ni sêtâ o katte: ....

Compré a mi madre un suéter.

Lección 18

Tengo que estudiar

もっとべんきょうしなければなりません

(motto benkô shinakereba narimasen)

Diálogo（本文）

カルロス：もうすぐ　日本ごの　しけんが　はじまります。ひらがなと　かたかなは　もんだいないと　おもいますが、かんじは　もっと　べんきょうしなければなりません。
まこと：たいへんですね。でも、しけんの　あとは　なつやすみでしょう？
カルロス：そうなんですよ。なつやすみは　べんきょうしなくても　いい　ので、りょこうしたいです。まことさんは　なつやすみ　どこかへ　いきますか。
まこと：ことしの　なつは　しごとも　しなければならないので、　りょこうは　できないと　おもいます。

Karurosu: *Môsugu nihongo no shiken ga hajimarimasu. Hiragana to katakana wa mondai nai to omoimasu ga, kanji wa motto benkyô shinakereba narimasen.*
Makoto: *Taihen desu ne. Demo shiken no ato wa natsuyasumi deshô?*
Karurosu: *Sô nan desu yo. Natsuyasumi wa benkyô shinakutemo ii node, ryokô shitai desu. Makoto-san wa natsuyasumi doko ka e ikimasu ka.*
Makoto: *Kotoshi no natsu wa shigoto mo shinakereba naranai node, ryokô wa dekinai to omoimasu.*

Carlos: Pronto llegará el examen. Creo que no tendré problemas con el hiragana y el katakana, pero tengo que estudiar más kanji.
Makoto: Mucho trabajo, ¿verdad? Pero después de los exámenes tendrás vacaciones, ¿no?
Carlos: Es cierto. Ya que no he de estudiar durante las vacaciones, quiero irme de viaje. ¿Irás a algún sitio durante las vacaciones, Makoto?
Makoto: Este verano también tengo que trabajar, por lo tanto no creo que pueda irme de viaje.

Gramática（文法）

〜なければなりません／〜なければならない
nakereba narimasen / … nakerebanaranai

Esta construcción gramatical se traduce literalmente por «tener que…» o «hay que…», y tiene un valor imperativo. Para realizarla se utiliza la forma ない *(nai)* de cada grupo verbal:

VERBOS DEL GRUPO I		
行く ik**u**	行かない ik**anai**	行かなければなりません ik**anakereba narimasen**
のむ nom**u**	のまない nom**anai**	のまなければなりません nom**anakereba narimasen**
かえる kaer**u**	かえらない kaer**anai**	かえらなければなりません kaer**anakereba narimasen**

あした　ぎんこうへ　行かなければなりません。
Ashita ginkô e ***ikanakereba narimasen****.*
Mañana tengo que ir al banco.

びょうきのときは、　くすりを　のまなければなりません。
Byôki no toki wa kusuri o ***nomanakereba narimasen****.*
Cuando estás enfermo, tienes que tomar medicamentos.

五じに　うちへ　かえらなければなりません。
Go-ji ni uchi e ***kaeranakereba narimasen****.*
Tengo que volver a casa a las cinco.

Verbos del grupo II		
おきる	おきない	おきなければなりません
oki**ru**	oki**nai**	oki**nakereba narimasen**
たべる	たべない	たべなければなりません
tabe**ru**	tabe**nai**	tabe**nakereba narimasen**

まいあさ　はやく　おきなければなりません。
Maiasa hayaku ***okinakereba narimasen.***
Todas las mañanas tengo que levantarme temprano.

なんでも　たべなければなりません。
Nan demo ***tabenakereba narimasen.***
Hay que comer de todo.

Verbos del grupo III (irregulares)		
する	しない	しなければなりません
su**ru**	shi**nai**	shi**nakereba narimasen**
来る	来ない	来なければなりません
ku**ru**	ko**nai**	ko**nakereba narimasen**

もっと　べんきょう　しなければなりません。
Motto benkyô ***shinakereba narimasen.***
Tengo que estudiar más.

せいとは　がっこうへ　来なけれればなりません。
Seito wa gakkô e ***konakereba narimasen.***
Los alumnos tienen que venir a la escuela.

En muchos casos se utiliza una construcción más coloquial y reducida:
あした　ぎんこうへ　行かなければなりません。
Ashita ginkô e ***ikanakereba narimasen.***
Mañana tengo que ir al banco.
あした　ぎんこうへ　行かなくちゃ。
Ashita ginkô e ***ikanakucha.***
Mañana tengo que ir al banco.

Otros ejemplos de este tipo de contracción serían:

のまなければなりません	のまなければならない	のまなくちゃ
nomanakereba narimasen	*nomanakereba naranai*	*namanakucha*
たべなければなりません	たべなければならない	たべなくちゃ
tabenakereba narimasen	*tabenakereba naranai*	*tabenakucha*
しなければなりません	しなければならない	しなくちゃ
shinakereba narimasen	*shinakereba narani*	*shinaskucha*

～なくてもいいです (~ nakutemo ii desu)

Nakutemo ii desu se traduce literalmente como «no hace falta que…», y por lo tanto tiene el significado contrario de la expresión ～なければなりません *(nakereba narimasen).* También se obtiene a base de la forma ない *(nai)* del verbo.

行かなくてもいいです。　No hace falta que vayas.
Ikanakutemo ii desu.
のまなくてもいいです。　No hace falta que bebas.
Nomanakutemo ii desu.
かえらなくてもいいです。　No hace falta que vuelvas.
Kaeranakutemo ii desu.
たべなくてもいいです。　No hace falta que comas.
Tabenakutemo ii desu.
しなくてもいいです。　No hace falta que hagas.
Shinakutemo ii desu
こなくてもいいです。　No hace falta que vengas.
Konakutemo ii desu.

たいへん (taihen)

Taihen es un adjetivo que suele realizar también funciones de adverbio con muchos significados («muy», «mucho», «extraordinario», «terrible», «grave», «difícil», etc.) en función del contexto.

たいへんなあつさ。 Calor terrible.
Taihenna atsusa.

彼女は　たいへんなびじんです。 Ella es extraordinariamente bella.
Kanojo wa taihenna bijin desu.

(これは) たいへんだ！ ¡Dios mío!
(Kore wa) taihen da!

たいへんですね。 ¡Qué duro! / ¡Qué problemático!
Taihen desu ne.

この本は　たいへん　おもしろい。 Este libro es muy interesante.
Kono hon wa taihen omosirou.

〜ので (node)

Node es una conjunción causal que, como su propio nombre indica, nos da a conocer la causa, el motivo o la razón de la acción y cuya traducción puede ser «ya que», «como» y «porque».

あたまが　いたいので、はやくねます。
Atama ga itai node hayaku nemasu.
Me acostaré pronto, porque me duele la cabeza.

きょうは　日よう日　なので　１０じにおきました。
Kyô wa nichiyôbi nanode, jû-ji ni okimashita.
Como hoy es domingo, me he levantado a las diez.

あめが　ふっているので、うちに　います。
Ame ga futte iru node, uchi ni imasu.
Como está lloviendo, me quedaré en casa.

Ejercicios（練習問題）

Ejercicio 1

Complete la oración cambiando la forma situada entre paréntesis con なければ なりません *(nakereba narimasen),* siguiendo el modelo que se muestra a continuación:

1. まいあさ　はやく（おきる）:　　おきなければ　なりません。

   Maiasa hayaku (okiru):　　*Okinakereba narimasen.*

   Todas las mañanas hay que levantarse temprano.

2. このジュースを（のむ）:　　......................................

   Kono jûsu o (nomu):　　......................................

   Hay que beberse este zumo.

3. らいねん　日本へ（行く）:　　......................................

   Rainen nihon e (iku):　　......................................

   Tengo que ir a Japón el año que viene.

4. ドイツごも　（べんきょうする）:　　......................................

   Doitsu-go mo (benkyô suru):　　......................................

   También tengo que estudiar alemán.

5. バナナと　りんごを　（かう）:　　......................................

   Banana to ringo o (kau):　　......................................

   Tengo que comprar platanos y manzanas.

Ejercicio 2

Complete la oración cambiando la forma situada entre paréntesis con なくてもいいです *(nakutemo ii desu)*, siguiendo el modelo que se muestra a continuación:

1. あした　五じに　（くる）:　　来なくてもいいです

   Ashita goji ni (kuru):　　*Konakutemo ii desu.*

   No es necesario que venga mañana a las cinco.

2. フォークとナイフを（つかう）:　　.......................................

   Fôku to naifu o (tsukau):　　.......................................

   No es necesario que utilice el tenedor y el cuchillo.

3. まどを（あける）:　　.......................................

   Mado o (akeru):　　.......................................

   No es necesario que abra la ventana.

4. えんぴつで　てがみを（かく）:　　.......................................

   Enpitsu de tegami o (kaku):　　.......................................

   No hace falta que escriba la carta con lápiz.

5. 日本ごで（はなす）:　　.......................................

   Nihon-go de (hanasu):　　.......................................

   No hace falta que hable en japonés.

Lección 19

Si llueve mañana, no voy
あした雨がふったら行きません
(ashita ame ga futtara ikimasen)

Diálogo（本文）

さとこ：らいしゅうの　日よう日は　ともだちと　ピクニックに　行きます。
エバ：いいですね。でも、雨が　ふったら　どうしますか。
さとこ：雨がふっても　行きたいですけど、むりですね。えいが　か　どこかに　行こうとおもいます。エバさんも　いっしょに　行きませんか。
エバ：ありがとう。でも　こんどの　日よう日は　ともだちと　やくそくが　あるので　いっしょに　行けません。
さとこ：ざんねんですね。じゃ、またいつか。

Satoko: *Rishû no nichiyôbi wa tomodachi to pikunikku ni ikimasu.*
Eba: *Ii desu ne. Demo, ame ga futtara dô shimsau ka.*
Satoko: *Ame ga futtemo ikitaidesu kedo, muri desu ne. Eiga ka doko ka ni ikô to omoimasu. Eba-san mo issho ni ikimasen ka.*
Eba: *arigatô. Demo kondo no nichiyôbi wa tomodachito yakusoku ga aru node issho ni ikemasen.*
Satoko: *Zannen desu ne. Ja, mata itsu ka.*

Satoko: El domingo que viene voy de acampada con mis amigos.
Eva: ¡Qué bien! Pero, ¿iréis aunque llueva?
Satoko: Quisiera ir aunque llueva, pero no será posible. Iremos al cine o bien a otro sitio. ¿No quieres venir con nosotros?
Eva: Gracias, pero el domingo que viene tengo una cita con una amiga y no puedo.
Satoko: ¡Qué lástima, entonces otro día!

Gramática（文法）

Oraciones condicionales

Existen diversas formas para construir oraciones condicionales en japonés, pero la forma たら *(tara)* más común es aquella que partiendo de la forma た *(ta)* del verbo, que se corresponde con la forma pretérita afirmativa y negativa del mismo, añade la desinencia ら *(ra)*. Asimismo, たら*(tara)* es la forma condicional afirmativa, y なかったら *(nakattara)* la forma condicional negativa. Veamos, a continuación unos ejemplos:

行く *iku*	行った *itta*	行ったら ***ittara***	si voy
行かない *ikanai*	行かなかった *ikanakatta*	行かなかったら *ika**nakattara***	si no voy
よむ *yomu*	よんだ *yonda*	よんだら *yon**dara***	si leo
よまない *yomanai*	よまなかった *yomanakatta*	よまなかったら *yoma**nakattara***	si no leo
ある *aru*	あった *atta*	あったら ***attara***	si hay
ない *nai*	なかった *nakatta*	なかったら ***nakattara***	si no hay
見る *miru*	見た *mita*	見たら *mi**tara***	si veo
見ない *minai*	見なかった *minakatta*	見なかったら *mi**nakattara***	si no veo

来る *kuru*	来た *kita*	来たら *ki**tara***	si vengo
来ない *konai*	来なかった *konakatta*	来なかったら *ko**nakattara***	si no vengo
する *suru*	した *shita*	したら *shi**tara***	si hago
しない *shinai*	しなかった *shinakatta*	しなかったら *shi**nakattara***	si no hago

Oraciones aseverativas

Son oraciones que reafirman su enunciado, dando una especial seguridad sobre aquello que se manifiesta. En japonés existe una forma verbal que confiere este sentido a la oración, por ejemplo, 行こう *(ikô)* es la forma aseverativa de 行く (*iku,* ir). *Ikô*, en este caso, se puede traducir como «iré» o coloquialmente como «pienso ir» o «tengo la intención de ir».

来年　日本へ　行こう　とおもいます／行こう　とおもっています。
Rainen nihon e ikô to omoimasu / ikô to omotte imasu.
Pienso ir a Japón el año que viene.

お金が　あったら　車を　かおう　とおもいます／おもっています。
Okane ga attara kuruma o kaô to omoimasu / omotteimasu.
Cuando tenga dinero pienso comprar un coche.

もっと　日本ごを　べんきょうしよう　とおもいます／おもっています。
Motto nihongo o benkyô shiyô to omoimasu / omotteimasu.
Pienso estudiar más japonés.

Seguidamente, se muestra un recuadro con las formas aseverativas de los verbos más utilizados:

VERBOS DEL GRUPO I	
INFINITIVO	FORMA ASEVERATIVA
行く, *iku* (ir)	行こう, *ikô* (iré, pienso ir)
かう, *kau* (comprar)	かおう, *kaô* (compraré, pienso comprar)
よむ, *yomu* (leer)	よもう, *yomô* (leeré, pienso leer)
はなす, *hanasu* (hablar)	はなそう, *hanasô* (hablaré, pienso hablar)
あそぶ, *asobu* (jugar)	あそぼう, *asobô* (jugaré, pienso jugar)
まつ, *matsu* (esperar)	まとう, *matô* (esperaré, pienso esperar)

VERBOS DEL GRUPO II	
たべる, *taberu* (comer)	たべよう, *tabeyô* (comeré, pienso comer)
見る, *miru* (ver)	見よう, *miyô* (veré, pienso ver)
おきる, *okiru* (despertarse)	おきよう, *okiyô* (me despertaré, pienso despertarme)
ねる, *neru* (dormir)	ねよう, *neyô* (dormiré, pienso dormir)

VERBOS DEL GRUPO III (IRREGULARES)	
する, *suru* (hacer)	しよう, *shiyô* (haré, pienso hacer)
来る, *kuru* (venir)	来よう, *koyô* (vendré, pienso venir)

Ejercicios（練習問題）

Ejercicio 1

Complete las siguientes oraciones escribiendo la forma 〜たら *(tara).*

1. おかねが（あるーあったら）くるまをかいます。

   *Okane ga (aru - **attara**) kuruma o kaimasu.*

   Si tengo dinero, compraré un coche.

2. おかねが（ないー ....）くるまは　かえません。

   Okane ga (nai - ....) kuruma wa kaemasen.

   Si no tengo dinero, no puedo comprar el coche.

3. スペインへ（かえるー ....）おてがみ　ください。

   Supein e (kaeru - ....) otegami kudasai.

   Cuando vuelvas a España, escríbeme una carta.

Ejercicio 2

Escriba la forma aseverativa de las siguientes formas verbales:

1. (行くー行こう) と　おもいます。Pienso (o intento) ir.

   Iku - ikô to omoimasu.

2. (かうー ....) と　おもいます。Pienso (o intento) comprar.

   Kau .... to omoimasu.

3. (するー ....) と　おもいます。Pienso (o intento) hacer.

   Suru .... to omoimasu.

Lección 20

He progresado en japonés
にほんごがじょうずになりました
(nihongo ga jôzu ni narimashita)

Diálogo（本文）

カルロス：日本へ　来てから　もう一年になります。
まこと：はやいですね。日本語が　ずいぶん　じょうずに　なりましたね。これから　なにを　したいですか。
カルロス：まだ　はっきり　きめていませんが、大学に　はいりたいです。日本のれきしを　べんきょうして、いつか　先生になりたいです。
まこと：それは　いいですね。がんばってください。

Carlos: Pronto hará un año que vine a Japón.
Makoto: El tiempo ha pasado rápido, ¿verdad? Has progresado mucho en tu aprendizaje de japonés. ¿Qué quieres hacer de ahora en adelante?
Carlos: Todavía no lo he decidido, pero quiero ir a la universidad. Quiero estudiar historia de Japón y algún día me gustaría ser profesor.
Makoto: Eso está bien. ¡Que tengas suerte!

Karurosu: *Nihon e kite kara mô ichi-nen ni narimasu.*
Makoto: *Hayai desu ne. Nihongo ga zuibun jôzu ni narimashita ne. Korekara nani o shitai desu ka.*
Karurosu: *Mada hakkiri kimeteimasen ga, daigaku ni hairitai desu. Nihon no rekishi o benkyô shite, itsu ka sensei ni naritai desu.*
Makoto: *Sore wa ii desu ne. Gannbatte kudasai.*

Gramática (文法)

〜になる／〜になります (~ni naru / ~ni narimasu)

Tiene varias significaciones: «llegar a ser», «hacerse», «convertirse en», etc. Y se puede encontrar en tres tipos de construcciones: detrás de un sustantivo con adjetivo な *(na)*, detrás de un adjetivo en い *(i)* y detrás de un verbo.

• Detrás de un sustantivo con adjetivo な *(na)*: 〜になる *(ni naru)*.

ふゆが　すぎて、はるに　なりました。
Fuyu ga sugite, haru ***ni narimashita.***
El invierno se ha ido y llegó la primavera.

むすこは　先生に　なりました。
Musuko wa sensei ***ni narimashita.***
Mi hijo se hizo profesor.

日本ごが　じょうずに　なりました。
Nihongo ga jôzu ***ni narimashita****.*
Ahora habla bien japonés.

さかなが　きらいでしたが、すきに　なりました。
Sakana ga kirai deshita ga, suki ***ni narimashita****.*
Antes no me gustaba el pescado, pero ahora me gusta.

わたしは　ことし　三十さいに　なります。
Watashi wa kotoshi sanjussai ***ni narimasu****.*
Este año cumpliré 30 años.

• Detrás de un adjetivo en い *(i)*: 〜くなる *(ku naru)*.

はるに　なると、あたたかく　なります。
*Haru ni naruto, atataka****ku narimasu****.*
Cuando llega la primavera, el clima se vuelve templado.

たくさん　たべると、おなかが　いたく　なります。
*Takusan taberu to, onaka ga ita**ku narimasu**.*
Si comes mucho, te hará daño el estómago.

さとうを　たくさん　いれたので、あまく　なりました。
*Satô o takusan ireta node, ama**ku narimashita**.*
Ya que he puesto mucho azúcar, ha quedado dulce.

• Detrás de un verbo: ～のように　なる (*yô ni naru*: empezar a ~).

日本ごが　よく　わかるように　なりました。
*Nihongo ga yoku wakaru **yôni narimashita**.*
Empiezo a entender bien el japonés.

ギターが　ひけるように　なりました。
*Gitâ ga hikeru **yôni narimashita**.*
Empiezo a poder tocar la guitarra.

一さいの　ゆみちゃんは　あるくように　なりました。
*Issai no Yumi-chan wa aruku **yôni narimashita**.*
Yumi, que tiene un año, empieza a andar.

Ejercicios（練習問題）

Ejercicio 1
Complete las oraciones siguientes con la forma ～になる *(ninaru)*, ～くなる *(kunaru)* o ～ようになる *(yôninaru)*, según corresponda:

1. もう　五じ（..........................）
Mô go-ji (..........................)
Ya son las cinco.

2. たけださんは　いしゃ (...........................)

Takeda-san wa isha (...........................)

El señor Takeda se ha hecho médico.

3. ふゆに、なると　（さむいー ....）

Fuyu ni naruto (samui - ....)

Cuando viene el invierno, empieza a hacer frío.

4. にほんごが　だんだん　（じょうずー ....）

Nihongo ga dandan (jôzu - ....)

Poco a poco he adelantado en japonés / Ahora hablo bien japonés.

5. むすこは　らいげつ　六さい (...........................)

Musuko wa raigetsu roku-sai (...........................)

El mes que viene mi hijo cumple 6 años.

6. かんじが　かける (...........................)

Kanji ga kakeru (...........................)

Empiezo a poder escribir los kanji.

7. マリさんは　びょうき (...........................)

Mari-san wa byôki (...........................)

Mari se ha puesto enferma.

8. なつは　日が（ながいー ....）

Natsu wa hi ga (nagai - ....)

En verano el día se hace largo.

Respuestas a los ejercicios

¿Cómo es la lengua japonesa?

Ejercicio 1

1. うま
2. とり
3. あおい
4. ちいさい
5. やま
6. みず
7. かわ
8. つくえ
9. いす
10. えんぴつ
11. きのう
12. さとう
13. ひこうき
14. すいようび
15. もくようび
16. えいが
17. りんご
18. いちがつ
19. ざっし
20. まど
21. きって
22. きょう
23. じしょ
24. でんしゃ
25. じてんしゃ
26. がっこう
27. びょうき
28. あそぶ
29. たべる
30. かえる
31. はたらく
32. およぐ
33. かう
34. あらう
35. きく
36. はなす
37. みる
38. よむ
39. はしる
40. あるく
41. あける
42. やすむ
43. ねる
44. おわる
45. まつ
46. よぶ
47. うごく
48. おしえる
49. あげる
50. もらう
51. おす
52. かく
53. けす
54. さわる

Ejercicio 2

1. カメラ
2. クラス
3. ハム
4. ナイフ
5. トマト
6. ネクタイ
7. バナナ
8. ドア
9. コーヒー
10. シャワー
11. パーティー
12. ペン
13. フォーク
14. ライター
15. アイスクリーム
16. チョコレート
17. パスポート
18. ベッド
19. バイオリン
20. テーブル
21. カーテン
22. バター
23. ガソリン
24. ジュース
25. カレンダー
26. シャツ
27. コップ
28. アルバイト
29. レストラン
30. エレベーター
31. エスカレーター
32. メニュー
33. スープ
34. マッチ
35. セーター

Ejercicio 3

1. Estados Unidos
2. Francia
3. Holanda
4. Chile
5. Buenos Aires
6. India
7. Casablanca
8. Vancouver
9. Pakistán
10. Filipinas
11. Argentina
12. México
13. Suecia
14. Portugal
15. Etiopía
16. Bangkok
17. Marruecos
18. Finlandia
19. Ginebra
20. Australia

21. Singapur	22. Río de Janeiro	23. Nueva York	24. Texas
25. Vietnam	26. Europa	27. Barcelona	28. Jordania
29. Lisboa	30. California	31. Copehague	32. Alemania
33. Sevilla	34. Nigeria	35. Múnich	36. Los Angeles
37. Marsella	38. Londres	39. Nueva Delhi	40. Madrid
41. Miami	42. Indonesia	43. Argentina	44. Seattle
45. Egipto	46. Luxemburgo	47. España	48. Lisboa
49. Washington	50. Bolivia	51. Israel	52. Arabia Saudí
53. Bagdad	54. Venecia	55. Ginebra	56. Polonia
57. Estocolmo	58. Nueva Zelanda	59. Yakarta	60. Moscú

Lección 1

Ejercicio 1

1. *Ohayô gozaimasu.*
2. *Arigatô gozaimsu.*
3. *Itadakimasu.*
4. *Gochisôsama.*
5. *Odaijini.*
6. *Onegaishimasu.*
7. *Dôzo.*
8. *Dô itashimsahite.*
9. *Oyasuminasai.*
10. *Hajimemashite.*
11. *Kochirakoso.*
12. *Sayônara.*
13. *Dewa (ja) mata.*
14. *Sumimasen.*
15. *Konbanwa.*
16. *Konnichiwa*
17. *Ogenki desu ka.*
18. *Hai, genki desu.*
19. *Irassshaimase.*
20. *Omedetô gozaimasu.*
21. *Osaki ni shitsurei shimasu.*
22. *Gomen kudasai.*

Lección 2

Ejercicio 1

1. さん／*san*
2. ご／*go*
3. はち／*hachi*
4. し（よん）／*shi (yon)*
5. しち（なな）／*ichi (nana)*
6. に／ni
7. ろく／*rok*
8. じゅう／*jû*

9. きゅうじゅう／*kyû-jû*
10. さんじゅう／*san-jû*
11. にじゅう／*nijû*
12. ごじゅう／*go-jû*
13. ろくじゅうさん／*rokujû-san*
14. ななじゅう／*nana-jû*
15. さんじゅういち／*sanjû-ichi*
16. はちじゅうご／*hachijû-go*
17. ひゃく／*hyaku*
18. さんびゃくご／ *sanbyaku-go*
19. よんひゃくじゅうはち／*yonhyakujû-hachi*
20. ろっぴゃく／*roppyaku*

Ejercicio 2

1. *nihon-jin*
2. *nihongo*
3. *supein-jin*
4. *supein-go*
5. *doitsu*
6. *doitsugo*
7. *igirisu*
8. *igirisu-jin*

Ejercicio 3

1. (g)
2. (i)
3. (l)
4. (b)
5. (h)
6. (f)
7. (k)
8. (e)
9. (c)
10. (a)
11. (j)
12. (m)

Lección 3

Ejercicio 1

1. どこ, *doko;* の, *no.*
2. に, *ni;* に, *ni.*
3. ありますか, *arimasu ka* / の, *no;* あります, *arimasu.*
4. した, *shita;* と, *to.*
5. だれ, *dare;* が, *ga.*
6. うしろ, *ushiro.*
7. なか, *naka.*
8. となり, *tonari.*
9. ちかく, *chikaku.*
10. ひだり, *hidari.*

Lección 4

Ejercicio 1

1. 8:00
2. 2:30
3. 4:00
4. 3:00
5. 9:05
6. 5:10
7. 6:58
8. 1:33
9. 6:40
10. 8:53
11. いちじにふん *(ichi-ji ni-fun)*
12. さんじじゅうごふん *(san-ji jûgo-fun)*
13. ごじじゅういっぷん *(go-ji jûippun)*
14. はちじにじゅっぷん *(hachi-ji nijuppun)*
15. ろくじよんじゅうごふん *(roku-ji yonjûgo-fun)*
16. くじごじゅっぷん *(ku-ji gojuppun)*

Ejercicio 2

1. いま, *ima*
2. から, *kara;* まで, *made*
3. ごろ, *goro*
4. に, *ni*
5. なんじ, *nan-ji;* に, *ni*

Lección 5

Ejercicio 1

1. 行きません, *ikimasen*
2. かきません, *kakimasen*
3. 来ません, *kimasen*

Ejercicio 2

1. かかりましたか, *kakarimashita ka*
2. べんきょうしましたか, *bennkyô shimashita ka*
3. いきましたか, *ikimashita ka*

Ejercicio 3

1. いきませんでした, *ikimasen dehita*
2. かえりませんでした, *kaerimsen deshita*
3. 来ませんでした, *kimasen deshita*

Lección 6

Ejercicio 1
a) 2; b) 7; c) 5; d) 1; e) 4; f) 3; g) 6

Ejercicio 2
a) 8; b) 6; c) 5; d) 12; e) 2; f) 1; g) 4; h) 11; i) 7; j) 3; k) 10; l) 9

Ejercicio 3
a) 5; b) 11; c) 6; d) 9; e) 1; f) 2; g) 4; h) 3; i) 10; j) 12; k) 7; l) 8

Lección 7

Ejercicio 1
1. 父 : *chichi*
2. 母 : *haha*
3. きょうだい : *kyôdai*

4) かない : *kanai*
5) 子ども : *kodomo*

Ejercicio 2
1. ごりょうしん : *goryôshin*
2. おじいさん : *ojîsan*
3. おばあさん : *obâsan*
4. おじさん : *ojisan*
5. おばさん : *obasan*

Lección 8

Ejercicio 1
2. かきます, *kakimasu* / かきましょう, *kakimashô*
3. のみます, *nomimasu* / のみましょう, *nomimashô*
4. かいます, *kaimasu* / かいましょう, *kaimashô*
5. たべます, *tabemasu* / たべましょう *tabemashô*

6. 来ます, *kimasu* / きましょう, *kimashô*

Ejercicio 2

2. よんでください, *yonde kudasai*
3. かってください, *katte kudasai*
4. 来てください, *kite kudasai*
5. してください, *shite kudasai*
6. かいてください, *kaite kudasai*

Lección 9

Ejercicio 1

2. およみください, *oyomi kudasai*
3. おまちください, *omachi kudasai*
4. おのみください, *onomi kudasai*
5. おつかいください, *otukai kudasai*
6. おかけください, *okake kudasai*
7. おやすみください, *oyasumi kudasai*
8. おはいりください, *ohairi kudasai*

Lección 10

Ejercicio 1

1. 大きくないです／大きくありません
   Ôkiku nai desu / ôkiku arimasen
2. たかくないです／たかくありません
   Takaku nai desu / takaku arimasen
3. ふるくないです／ふるくありません
   Uruku nai desu / furuku arimasen
4. しんせつじゃないです／しんせつではありません
   Shinsetsu ja nai desu / shinsetsu dewa arimasen
5. しずかじゃないです／しずかではありません
   Shizuka ja nai desu / shizuka dewa arimasen

Ejercicio 2

2. さむかったです, *samukatta desu*
   さむくなかったです, *samuku nakatta desu*
   さむくありませんでした, *samuku arimasen deshita*
3. きれいでした, *kirei deshita*
   ~いじゃなかったです, *kirei ja nakatta desu*
   きれいではありませんでした, *kirei dewa arimasen deshita*

Ejercicio 3

1. ながいえんぴつ, *nagai enpitsu*
2. しんせつなひと, *shinsetsuna hito*
3. きれいなスカート, *kireina sukâto*
4. あたらしいうち, *atarashii uchi*
5. ふるいくるま, *furui kuruma*

Lección 11

Ejercicio 1

1. が, *ga*
2. を, *o*
3. どちらが, *dochira ga*
4. ほう, *hô*
5. より, *yori*
6. で, *de;* いちばん, *ichiban*
7. いちばん, *ichiban*
8. が, *ga*
9. どれが, *dore ga;* いちばん, *ichiban*

Lección 12

Ejercicio 1

1. 人, *nin*
2. さつ, *satsu*
3. まい, *mai*
4. ほん, *hon*
5. だい, *dai*
6. がい, *gai*

7. かい, *kai* 8. こ, *ko*
9. かい, *kai* 10. つ, *tsu*

Lección 13

Ejercicio 1

1. なにが, *nani ga*
2. なにか, *nani ka*
3. が, *ga*
4. 欲しくない, *hoshiku nai*
5. どこへ, *doko e*
6. 行きたくない, *ikitaku nai*
7. 行きたかった, *ikitakatta*
8. 行きたくなかった, *ikitaku nakatta*

Lección 14

Ejercicio 1

2. のまないでください, *nomanaide kudasai*
3. すわないでください, *suwanaide kudasai*
4. 行かないでください, *ikanaide kudasai*
5. 来ないでください, *konaide kudasai*
6. しないでください, *shinaide kudasai*

Ejercicio 2

2. かいています, *kaite imasu*
3. ふっています, *futte imasu*
4. けっこんしています, *kekkon shite imasu*
5. すいています, *suite imasu*
6. かわいています, *kawaite imasu*

Lección 15

Ejercicio 1

1. いる, *iru* 2. いない, *inai*
3. さむい, *samui* 4. さむくない, *samukunai*

5. だ, *da* 6. かく, *kaku*
7. みた, *mita* 8. 行きたい, *ikitai*
9. かう, *kau* 10. 来ない, *konai*

Lección 16

Ejercicio 1

2. はしが　つかえます — *hashi ga tsukaemasu*
3. かんじが　よめます — *kannji ga yomemasu*
4. うちが　かえます — *uchi ga kaemasu*
5. 五じはんに　おきられます — *go-ji han ni okiraremasu*
6. 土よう日に　来られます — *doyôbi ni koraremasu*
7. 二じかん　べんきょうできます — *ni-jikan benkyô dekimasu*
8. くるまで　行けます — *kuruma de ikemasu*
9. えきまで　あるけます — *eki made arukemasu*
10. 四じまで　ここに　いられます — *yo-ji made koko ni iraremasu*

Lección 17

Ejercicio 1

1. あげます — *agemasu*
2. くれました — *kuremashita*
3. もらいましたか — *moraimashita ka*
4. あげました — *agemashita*
5. くれました — *kuremashita*
6. あげました — *agemashita*

Lección 18

Ejercicio 1

2. のまなければなりません — *nomanakereba narimasen*
3. いかなければなりません — *ikanakereba narimasen*
4. べんきょうしなければなりません — *benkyô shinakereba narimasen*
5. かわなければなりません — *kawanakereba narimasen*

Ejercicio 2

2. つかわなくてもいいです *tsukawanakutemo ii desu*
3. あけなくてもいいです *akenakutemo ii desu*
4. かかなくてもいいです *kakanakutemo ii desu*
5. はなさなくてもいいです *hanasanakutemo ii desu*

Lección 19

Ejercicio 1

2. なかったら *nakattara*
3. かえったら *kaettara*

Ejercicio 2

2. かおう *kaô*
3. しよう *shiyô*

Lección 20

Ejercicio 1

1. になりました *ni narimashita*
2. になりました *ni narimashita*
3. さむくなります *samukunarimasu*
4. じょうずになりました *jôzu ni narimashita*
5. になります *ninarimasu*
6. ようになりました *yô ni narimashita*
7. になりました *ni narimashita*
8. ながくなります *nagaku narimasu*

Vocabulario

[A]

aa (ああ): ¡ah!

abiru (shawâ o) (あびる): ducharse

abunai (あぶない): peligroso

achira (あちら): allí, allá

agaru (あがる): subir

ageru (あげる): dar

ageru (あげる): alzar

aisatsu (あいさつ): saludo

aida (あいだ): en medio

aji (あじ): sabor

akai (あかい): rojo

akarui (あかるい): claro

akeru (あける): abrir

aki (あき): otoño

aku (あく): abrirse

amai (あまい): dulce

amari (あまり): no mucho

ame (あめ): lluvia

anata (あなた): ūsted

ane (あね): hermana mayor

ani (あに): hermano mayor

ano (あの): aquel, aquella

aoi (あおい): azul

arau (あらう): lavar

are (あれ): aquello

aru (ある): haber, estar

arubaito (アルバイト): trabajo temporal

aruku (あるく): andar

asa (あさ): mañana (por la)

asa-gohan (あさごはん): desayuno

asatte (あさって): pasado mañana

ashi (あし): pie, pierna

ashita (あした): mañana

asobu (あそぶ): jugar

asoko (あそこ): allá

atama (あたま): cabeza

atarashii (あたらしい): nuevo

atatakai (あたたかい): templado

ato (あと): después

atsui (あつい): calor, caliente, grueso

atsumaru (あつまる): reunirse

atsumeru (あつめる): reunir

anna (あんな): tal, semejante

annai suru (あんないする): guiar

anzen (あんぜん): seguro

[B]

ban (ばん): noche
banana (バナナ): plátano
bangô (ばんごう): número
ban-gohan (ばんごはん): cena
beddo (ベッド): cama
bengoshi (べんごし): abogado
benkyô suru (べんきょうする): estudiar
benri (na) (べんり): útil, conveniente
bîru (ビール): cerveza
biru (=building) (ビル): edificio
bôeki (ぼうえき): comercio
bôrupen (ボールペン): bolígrafo
bôshi (ぼうし): sombrero
botan (ぼたん): botón
budô (ぶどう): uva
byôin (びょういん): hospital

[C]

cha (o-cha,kôcha) (ちゃ): té
chairo (ちゃいろ): marrón
chawan (ちゃわん): taza para el arroz
chichi (ちち): (mi) padre
chigau (ちがう): diferenciarse
chiisai (ちいさい): pequeño
chikai (ちかい): cercano, próximo
chikaku (ちかく): cerca (de)
chikara (ちから): fuerza
chikatetsu (ちかてつ): metro
chotto (ちょっと): momento, un poco
chôdo (ちょうど): justo, en punto
chûgakkô (ちゅうがっこう): escuela secundaria
chûi suru (ちゅういする): tener cuidado
chûshajô (ちゅうしゃじょう): aparcamiento

[D]

daibu (だいぶ): bastante
daidokoro (だいどころ): cocina
daigaku (だいがく): universidad
daigaku-sei (だいがくせい): universitario
daiji (na) (だいじな): importante
dakara (だから): por eso
dame (だめ): no está bien
dandan (だんだん): gradualmente
dare (だれ): ¿quién?
dare no (だれの): ¿de quién?
dasu (だす): sacar, entregar, tirar
*demasu (deru)*でます（でる）: salir
denwa (でんわ): teléfono
depâto (デパート): grandes almacenes
dewa (では): entonces
dokushin (どくしん): soltero
donata (*どなたの): ¿quién?

[E]

e (え): dibujo
eda (えだ): ramo
ee (ええ): sí
eiga (えいが): película
eiga-kan (えいがかん): cine
eigo (えいご): inglés

eki (えき): estación
...en (えん): yen
enpitsu (えんぴつ): lápiz
enryo suru (えんりょする): abstenerse de...
erabu (えらぶ): escoger, elegir
erebêtâ (エレベーター): ascensor
eskarêtâ (えらぶ): escalera mecánica

[F]
firumu (フイルム): película
fôku (フォーク): tenedor
fuben (na) (ふべんな): inconveniente
fueru (ふえる): aumentar
fukai (ふかい): profundo
fuku (ふく): vestido
(kaze ga) fuku (かぜがふく): hacer viento
fukuro (ふくろ): bolso
fukushû (ふくしゅう): repaso
fukuzatsu (na) (ふくざつ): complicado
fumu (ふむ): pisar
...fun (ふん): minuto
fune (ふね): barco
furo (ふろ): baño
(ame ga) furu (ふる): llover
furui (ふるい): viejo, antiguo
futari (ふたり): dos personas
futatsu (ふたつ): dos cosas
fûtô (ふうとう): sobre
futoi (ふとい): grueso
futon (ふとん): colchón
futoru (ふとる): engordar
futsû (ふつう): normal
futsuka (ふつか): día dos, dos días
fuyu (ふゆ): invierno

[G]
gaikoku (がいこく): extranjero
gaikoku-jin (がいこくじん): extranjero (persona)
gaijin (がいじん): extranjero (persona)
gaka (がか): pintor
gakki (がっき): instrumento musical
gakkô (がっこう): escuela
gakusei (がくせい): estudiante
ganbaru (がんばる): esforzarse
garasu (ガラス): cristal
garêji (ガレージ): garage
gasorin (ガソリン): gasolina
gen'in (げんいん): causa
genkan (げんかん): entrada de casa
gijutsu (ぎじゅつ): tecnología
gin (ぎん): plata
ginkô (ぎんこう): banco
ginkôin (ぎんこういん): empleado de banco
gitâ (ギター): guitarra
go (ご): cinco
gogo (ごご): tarde
gohan (ごはん): comida (arroz hecho)
gozen (ごぜん): mañana
guramu (グラム): gramo
gyûniku (ぎゅうにく): carne de ternera
gyûnyû (ぎゅうにゅう): leche

[H]

ha (は): diente
ha (は): hoja
hagaki (はがき): postal
haha (はは): (mi) madre
hai (はい): sí
hairu (はいる): entrar
haisha (はいしゃ): dentista
haizara (はいざら): cenicero
hajimaru (はじまる): comenzar
hajime (はじめ): comienzo
hajimeru (はじめる): empezar
hajimete (はじめて): primera vez
hako (はこ): caja
hakobu (はこぶ): transportar
haku (はく): ponerse, calzar
hana (はな): flor
hana (はな): nariz
hanashi (はなし): conversión
hanasu (はなす): hablar
hana-ya (はなや): floristería
hanbun (はんぶん): mitad
hankachi (ハンカチ): pañuelo
hantai (はんたい): contrario
harau (はらう): pagar
hare (はれ): buen tiempo
hareru (はれる): despejarse
haru (はる): primavera
haru (はる): pegar
hasami (はさみ): tijeras
hashi (はし): palillo
hashi (はし): puente
hashiru (はしる): correr
hatachi (はたち): veinte años
hataraku (はたらく): trabajar
hatsuka (はつか): día 20
hatsuon (はつおん): pronunciación
hayai (はやい): rápido
hayai (はやい): temprano, pronto
hazu (はず): debe de …
hazukashii (はずかしい): vergonzoso/-a
hen(na) (へんな): extraño/-a
heta(na) (へたな): trope
heya (へや): habitación
hi (ひ): día
hi (ひ): fuego
hieru (ひえる): enfriarse
hidari (ひだり): izquierda
hidoi (ひどい): terrible
higashi (ひがし): este
hige (ひげ): barba
hijô ni (ひじょうに): muy
hikidashi (ひきだし): cajón
hikkosu (ひっこす): mudarse
hikôki (ひこうき): avión
hikôjô (ひこうじょう): aeropuerto
hiku (ひく): tirar
hiku (ひく): tocar (instrumento)
hikui (ひくい): bajo
hima(na) (ひまな): tiempo libre
hiraku (ひらく): abrir
hiroi (ひろい): amplio
hirou (ひろう): recoger
hiru (ひる): mediodía
hiru-gohan (ひるごはん): comida (de medio día)
hiruma (ひるま): véase *hiru*

hiru-gohan (ひるごはん): comida
hiru-yasumi (ひるやすみ): reposo de medio día
hito (ひと): persona
hitori (ひとり): una persona
hitotsu (ひとつ): una cosa
hitotsuki (ひとつき): un mes
hitsuji (ひつじ): oveja
hoka no (ほかの): otro, otra
homeru (ほめる): alabar, elogiar
hon (本): libro
hondana (ほんだな): estantería
hontô ni (ほんとうに): verdaderamente
hon-ya (本や): librería
hon'yaku (ほんやく): traducción
hôrotsu (ほうりつ): derecho
hoshi (ほし): estrella
hoshii (ほしい): querer (poseer)
hosoi (ほそい): delgado
hoteru (ホテル): hotel
hotondo (ほとんど): casi

[I]

ichi (いち): uno
ichi-ban (いちばん): número uno
ichigo (いちご): fresa
ie, uchi (いえ、うち): casa
igai (いがい): excepto, salvo
ii (いい): bien, bueno
iie (いいえ): no
ijô (いじょう): más de…
ika (いか): menos de…
ikaga (いかが): ¿qué tal?
ike (いけ): estanque
iken (いけん): opinión
ikiru (いきる): vivir
iku (いく): ir
ikura (いくら): ¿cuánto vale?
ikutsu (いくつ): ¿cuánto?
ima (いま): ahora
imi (いみ): significado
imôto (いもうと): hermana menor
inai (いない): en menos de
inaka (いなか): campo
inoru (いのる): rezar
inu (いぬ): perro
ireru (いれる): poner, meter
iriguchi (いりぐち): entrada
iro (いろ): color
iroiro (na) (いろいろな): varios
iru (いる): estar
iru (いる): necesitar
isha (いしゃ): médico
ishi (いし): piedra
isogashii (いそがしい): atareado
isogu (いそぐ): darse prisa
isshoni (いっしょに): juntos
isshô kenmei (いっしょうけんめい): con toda fuerza
isu (いす): silla
itai (いたい): doler
itsu (いつ): ¿cuándo?
iya (na) (いやな): desagradable

[J]

jagaimo (じゃがいも): patata
ji (じ): letra

jibiki (じびき): véase *jisho*
jibun (じぶん): sí mismo
jidai (じだい): época
jidôsha (じどうしゃ): coche
jikan (じかん): hora, tiempo
jiko (じこ): accidente
jimusho (じむしょ): oficina
jinkô (じんこう): población
jitensha (じてんしゃ): bicicleta
ja (じゃ): entonces
jama (na) (じゃまな): molestia
jôbu (na) (じょうぶな): sano,-a
jôzu (na) (じょうずな): hábil
jûbun (na) (じゅうぶんな): suficiente
jugyô (じゅぎょう): clase
jûsho じゅうしょ): domicilio
jûyô (na) (じゅうような): importante

[K]

kaban (かばん): maleta
kabe (かべ): pared
kabin (かびん): jarrón
kaburu (かぶる): cubrirse con
kado (かど): esquina
kaeri (かえり): regreso
kaeru (かえる): volver
kaeru (かえる): cambiar
kaesu (かえす): devolver
kagaku (かがく): ciencia
kagami (かがみ): espejo
kagi (かぎ): llave
kagu (かぐ): mueble
kaidan (かいだん): escalera
kaigi (かいぎ): reunión
kaimono (かいもの): compras
kaisha (かいしゃ): empresa
kaiwa (かいわ): conversación
kaji (かじ): incendio
kakaru (かかる): tardarse
kakeru (かける): colgar
kakeru (かける): llamar por teléfono
kakeru (かける): sentarse
kaku (かく): escribir
kami (かみ): papel
kami (かみ): cabello
kamu (かむ): masticar
kanai (かない): (mi) esposa
kanashii (かなしい): triste
kanarazu (かならず): sin falta
kane (かね): dinero
kanemochi (かねもち): rico
kangaeru (かんがえる): pensar
kangofu (かんごふ): enfermera
kankei (かんけい): relación
kanojo (かのじょ): ella
kantan (na) (かんたんな): fácil
kao (かお): cara
karada (からだ): cuerpo
karai (からい): picante
kare (かれ): él
karera (かれら): ellos
kariru (かりる): pedir prestado
karui (かるい): ligero
kasa (かさ): paraguas
katachi (かたち): forma
katsu (かつ): ganar

kau (かう): comprar
kawaii (かわいい): bonito
kawaku (かわく): secarse
kawari (かわり): sustitutivo
kawaru (かわる): cambiar
kayôbi (かようび): martes
kayou (かよう): ir regularmente
kazoku (かぞく): familia
ke (け): pelo
kega (けが): herida
keikaku (けいかく): plan
keiken (けいけん): experiencia
keisan (けいさん): cálculo
keizai (けいざい): economía
kekka (けっか): resultado
kekkon suru (けっこんする): casarse
kenbutsu suru (けんぶつする): visitar
kenka suru (けんかする): pelearse
kenkyû (けんきゅう): estudio profundo
keredo(けれど): sin embargo
kesa (けさ): esta mañana
keshiki (けしき): paisaje
kesshite (けっして): nunca
kesu (けす): apagar
ki (き): árbol
ki (き): alma
kibun (きぶん): estado de ánimo
kieru (きえる): apagarse
kiiro(i) (きいろい): amarillo
kikai (きかい): máquina
kiken (きけん): peligro
kikoeru (きこえる): oirse
kiku (きく): escuchar
kimeru (きめる): decidir
kimochi (きもち): sentimiento
kin (きん): oro
kinô (きのう): ayer
kinyôbi (きんようび): viernes
kippu (きっぷ): billete
kirai (na) (きらい): odioso,-a
kirei (na) (きれいな): bonito, limpio
kiro-guramu (キログラム): kilogramo
kiro-mêtoru (キロメートル): kilometro
kiru (きる): cortar
kiru (きる): ponerse
kisetsu (きせつ): estación
kisoku (きそく): reglamento
kissaten (きっさてん): cafetería
kita (きた): norte
kitanai (きたない): sucio,-a
kitte (きって): sello
kitto (きっと): seguramente
kochira(こちら): aquí, esta dirección
kodomo (こども): niño
koe (こえ): voz
kôen (こうえん): parque
kôgyô (こうぎょう): industria
kôjô (こうじょう): fábrica
kôri (こおり): hielo
koko (ここ): aquí
kokoro (こころ): corazón
komaru (こまる): apurarse
kome (こめ): arroz
komu (こむ): lleno,-a
konban (こんばん): esta noche

kondo (こんど): esta vez, próxima vez
kongetsu (こんげつ): este mes
konogoro (このごろ): estos días
konshû (こんしゅう): este mes
koppu (コップ): vaso
korekara (これから): desde ahora
koshô (こしょう): avería
kotae (こたえ): respuesta
kotaeru (こたえる): responder
koto (こと): asunto
kotoba (ことば): palabra
kowai (こわい): temible
kowasu (こわす): romper
kowareru (こわれる): romperse
kubi (くび): cuello
kuchi (くち): boca
kudamono (くだもの): fruta
kudasai (ください): déme
kûki (くうき): aire
kûkô (くうこう): aeropuerto
kumo (くも): nube
kumoru (くもる): nubrarse
kuni (くに): país
kurai (くらい): oscuro,-a
kureru (くれる): dar
kuroi (くろい): negro
kuru (くる): venir
kuruma (くるま): coche
kyaku (きゃく): visita
kyô (きょう): hoy
kyôdai (きょうだい): hermanos
kyôiku (きょういく): educación
kyôkai (きょうかい): iglesia
kyômi (きょうみ): interés
kyonen (きょねん): año pasado

[M]

matchi (マッチ): cerilla
machi (まち): ciudad
machigau (まちがう): equivocarse
mado (まど): ventana
mae (まえ): delante
magaru (まがる): doblarse
maiasa (まいあさ): todas las mañanas
maiban (まいばん): todas las noches
maigetsu (まいげつ): cada mes
mainen(まいねん): cada año
maishû (まいしゅう): cada semana
makeru (まける): ser derrotado
manga (まんが): cómico
maniau (まにあう): llegar a tiempo
mannaka (まんなか): centro
mannenhitsu (まんねんひつ): pluma
marui (まるい): redondo,-a
massugu (まっすぐ): recto
mata (また): otra vez
matsu (まつ): esperar
mawari (まわり): contorno
mazui (まずい): no sabroso
me (め): ojos
megane (めがね): gafas
meron (メロン): melón
mêtoru (メートル): metro (longitud)
michi (みち): calle
midori (みどり): verde
mieru (みえる): verse
migaku (みがく): pulir

migi (みぎ): derecha
mijikai (みじかい): corto,-a
mimi (みみ): oreja
minami (みなみ): sur
minato (みなと): puerto
minna (みんな): todo, a
miru (みる): ver, mirar
mise (みせ): tienda
miseru (みせる): mostrar
mitsukaru (みつかる): encontrarse
mitsukeru (みつける): encontrar
mizu (みず): agua
mizûmi (みずうみ): lago
mochiron (もちろん): desde luego
modoru (もどる): regresar
mô (もう): ya
môfu (もうふ): manta
mokuyôbi (もくようび): jueves
mon (もん): puerta
mondai (もんだい): problema
mono (もの): cosa, objeto
morau (もらう): recibir
moshi (もし): si
moshi moshi (もしもし): diga, oiga
motsu (もつ): tener, sostener
motto (もっと): más
mukashi (むかし): época antigua
mukô (むこう): otro lado
mura (むら): pueblo
muri (na) (むりな): imposible
mushi (むし): insecto
musuko (むすこ): hijo
musume (むすめ): hija

[N]

nagai (ねがい): largo,-a
nagara (ながら): mientras
nageru (なげる): lanzar
nai (ない): no hay
naifu (ナイフ): cuchillo
naka (なか): dentro
naku (なく): llorar
nakunaru (なくなる): perderse
nakunaru(なくなる): morir
nakusu (なくす): perder
namae (なまえ): nombre
nan / nani (なん、なに): ¿qué?
naoru (なおる): corregirse
naoru (なおる): curarse
naosu (なおす): reparar, corregir
naraberu (ならべる): poner en fila
narabu (ならぶ): ponerse en fila
narau (ならう): aprender
naru (なる): llegar a ser, convertirse en
naru (なる): sonar
nedan (ねだん): precio
neko (ねこ): gato
nekutai (ネクタイ): corbata
nemui (ねむい): dormir, acostarse
netsu (ねつ): fiebre
nichiyôbi (にちようび): domingo
nigai (に): amargo,-a
nigeru (にえる): escaparse
nigiyaka (na) (にぎやか): animado,-a
niku (にく): carne
nikui (にくい): difícil de
ningyô (にんぎょう): muñeca

nimotsu (にもつ): paquete
nioi (におい): olor
niru (にる): parecerse
niru (にる): guisar
niwa (にわ): jardin
noboru (のぼる): subir
nodo (のど): garganta
nokoru (のこる): quedarse
nomimono (のみもの): bebida
norikaeru (のりかえる):
hacer trasbordo
norimono (のりもの): vehículo
nugu (ぬぐ): quitarse
numa (ぬま): pantano
nureru (ぬれる): mojarse
nusumu (ぬすむ): robar

[O]
obasan (おばさん): tía
obâsan (おばあさん): abuela
obentô (おべんとう):
comida para llevar
oboeru (おぼえる): recordar
ocha (おちゃ): té japonés
ochiru (おちる): caerse
odori (おどり): baile
odoroku (おどろく): asustarse
odoru (おどる): bailar
oishii (おいしい): sabroso
ojîsan (おじいさん): abuelo
ojisan (おじさん): tío
okane (おかね): dinero
okâsan (おかあさん): madre
okashi (おかし): dulce
okashii (おかしい): extraño
ôkii (おおきい): grande
ôkina (おおきな): grande
ôi (おおい): abundante
okiru (おきる): levantarse
okoru (おこる): enfadarse
okosu (おこす): levantar
oku (おく): poner
okureru (おくれる): llegar tarde
okurimono (おくりもの): regalo
okuru (おくる): enviar
omatsuri (おまつり): festival
omiyage (おみやげ): regalo
omocha (おもちゃ): jugete
omoi (おもい): pesado
omoshiroi (おもしろい): interesante
omou (おもう) pensar, ceer
onaka (おなか): vientre
onaji (おなじ): igual
ongaku (おんがく): música
onêsan (おねえさん): hermana mayor
onîsan (おにいさん): hermano mayor
onna (おんな): mujer
onna no ko (おんなのこ): niña
oreru (おれる): romperse
oriru (おりる): bajar
osake (おさけ): sake
oshieru (おしえる): enseñar
osara (おさら): plato
osoi (おそい): tarde, lento
osu (おす): empujar
otaku (おたく): su casa
oto （おと): sonido, ruido
otoko (おとこ): varón

otoko no ko (おとこのこ): niño
otona (おとな): adulto
otôsan (おとうさん): padre
otosu (おとす): hacer caer
otôto (おとうと): hermano menor
ototoi (おととい): anteayer
ototoshi (おととし): hace dos años
owari (おわり): final
owaru (おわる): acabar, terminar
oya (おや): padres
oyogu (おやご): padres

[P]
pan (パン): pan
pâtî (パーティー): fiesta
pêji (ページ): página
pen (ペン): estilográfica
purezento (プレゼント): regalo
pûru (プール): piscina

[R]
raigetsu (らいげつ): mes que viene
rainen (らいねん): año que viene
raishû (らいしゅう): semana que viene
raitâ (ライター): encendedor
rajio (ラジオ): radio
reizôko (れいぞうこ): frigorífico
rekishi (れきし): historia
rekôdo (レコード): disco
renshû (れんしゅう): ejercicio
renraku (れんらく): información
ringo (りんご): manzana
riyô suru (りようする): utilizar
riyû (りゆう): razón
ryôhô (りょうほう): ambos
ryokan (りょかん): hotel estilo japonés
ryokô (りょこう): viaje
ryokô suru (りょこうする): viajar
ryûgakusei (りゅうがくせい): estudiante de

[S]
sabishii (さびしい): triste
sagaru (さがる): bajarse
sagasu (さがす): buscar
sageru (さげる): bajar
saifu (さいふ): monedero
saigo (さいご): último
saikin (さいきん): recientemente
saisho (さいしょ): principio
saji (さじ): cuchara
sakana (さかな): pescado
saki (さき): adelante
sakki (さっき): hace rato
saku (さく): florecer
sakubun (さくぶん): redacción
samui (さむい): frío
san (さん): señor, señora
sandoitchi (サンドイッチ): sandwich
sanpo o suru (さんぽをする): pasear
satô (さとう): aupar
sawagu (さわぐ): hace ruido
sawaru (さわる): tocar
sebiro (せびろ): traje
sei (せい): alto de persona

seiji (せいじ): política
seikatsu suru (せいかつする): vivir
seito (せいと): alumno
seiyô (せいよう): occidental
sekai (せかい): mundo
seki (せき): asiento
sekken (せっけん): jabón
semai (せまい): estrecho
sen (せん): mil
sen (せん): línea
senaka (せなか): espalda
sengetsu (せんげつ): mes pasado
senmon (せんもん): especialidad
sensei (せんせい): profesor
senshû (せんしゅう): semana pasada
sensô (せんそう): guerra
sentaku (せんたく): colada
setsumei suru (せつめいする): explicar
shachô (しゃちょう): director general
shakai (しゃかい): sociedad
shashin (しゃしん): fotografía
shiai (しあい): partido
shigoto (しごと): trabajo
shikashi (しかし): pero, sin embargo
shiken (しけん): examen
shima (しま): isla
shimaru (しまる): cerrarse
shimeru (しめる): cerrar
shinbun (しんぶん): periódico
shinu (しぬ): morir
shio (しお): sal
shippai suru (しっぱいする): fracasar
shiraberu (しらべる): investigar
shiraseru (しらせる): informar
shiroi (しろい): blanco
shiru (しる): saber, conocer
shita (した): debajo, abajo
shitagi (したぎ): ropa interior
shitsumon suru (しつもんする): preguntar
shôgakkô (しょうがっこう): escuela primaria
shokudô (しょくどう): comedor
shôkai suru (しょうかいする): presentar
shokuji suru (しょくじする): comer
shokuryôhin (しょくりょうひん): alimentos
shôrai (しょうらい): futuro
shôsetsu (しょうせつ): novela
shôtai suru (しょうたいする): invitar
shufu (しゅふ): ama de casa
shûkan (しゅうかん): costumbre
shukudai (しゅくだい): deberes
shumi (しゅみ): hibby
shuppatsu suru (しゅっぱつする): salir, partir
shusseki suru (しゅっせきする): asistir
sô (そう): así
soba (そば): cerca
sobo (そぼ): (mi) abuela
sôdan suru (そうだん): consultar
sofu (そふ): (mi) abuelo
sôji suru (そうじする): limpiar

sonna (そんな): tal, semejante
sora (そら): cielo
sore (それ): eso, ese
sorekara (それから): luego
sorede wa (それでは): entonces
sôzô suru (そうぞうする): imaginar
subarashii (すばらしい): magnífico/-a
suberu (すべる): resbalar
sûgaku (すうがく): matemáticas
sugiru (すぎる): desmayado
sugoi (すごい): tremendo,-a
sugu (すぐ): en seguida
suidô (すいどう): corriente de agua
suiei (すいえい): natación
suiyôbi (すいようび): miércoles
sukiao (スカート): falda
suki (na) (すきな): gustar a
sukoshi (すこし): un poco
(onaka ga) suku (おなかがすく): tener hambre
sukunai (すくない): escaso, a
sumu (すむ): residir, vivir
suna (すな): arena
supôtsu (スポーツ): deporte
supûn (スプーン): cuchara
suru (する): hacer
sutereo (ステレオ): estéreo
suteru (すてる): tirar
sutôbu (ストーブ): estufa
suwaru (すわる): sentarse

[T]

tabako (たばこ): tabaco
tabemono (たべもの): comida
taberu (たべる): comer
tabun (たぶん): probablemente
tadashii (ただしい): correcto,-a
taifû (たいふう): tifón
taihen (たいへん): muy
taihen(na) (たいへんな): problemático
taipuraitâ (タイプライター): máquina de escribir
taisetsu(na) (たいせつな): importante
taishikan (たいしかん): embajada
taitei (たいてい): normalmente
takai (たかい): alto, caro
takusan (たくさん): mucho
takushî (タクシー): taxi
tamago (たまご): huevo
tamani (たまに): a veces
tana (たな): estantería
tanjôbi (たんじょうび): cumpleaños
tanomu (たのむ): pedir
tanoshii (たのしい): divertido,-a
tanoshimi (たのしみ): placer
taoreru (たおれる): caerse
tariru (たりる): bastar
tasu (たす): añadir
tatemono (たてもの): edificio
tateru (たてる): edificar
tateru (たてる): levantar
tatoeba (たとえば): por ejemplo
tatsu (たつ): levantar
tazuneru (たづねる): visitar
tazuneru (たづねる): preguntar
te (て): mano
tebukuro (てぶくろ): guantes

têburu (テーブル): mesa
tegami (てがみ): carta
teinei(na) (ていねい): cortés
tekitô (na) (てきとう): adecuado,-a
ten (てん): punto
ten'in (てんいん): dependiente
tenisu (テニス): tenis
tenki (てんき): tiempo
tenki yohô (てんきよほう): predicción de tiempo
têpu (テープ): cinta
têpurekôdâ (テープレコーダー): magnetófono
tenrankai (てんらんかい): exposición
tera (てら): templo
terebi (テレビ): televisión
tesuto (テスト): examen
tetsudau (てつだう): echar una mano
to (と): puerta
tobu (とぶ): volar
tochû (とちゅう): en el camino
todokeru (とどける): entregar
tôi (とおい): lejos
toire (トイレ): lavabo
tokei (とけい): reloj
tokidoki (ときどき): de vez en cuando
tôku (とおく): lejano,-a
tokubetsu(na) (とくべつ): especial
tokuni (とくに): especialmente
tomaru (とまる): pararse
tomaru (とまる): alojarse
tomeru (とめる): parar
tomodachi (ともだち): amigo
tori (とり): pájaro
tôri (とおり): calle
torikaeru (とりかえる): cambiar
toriniku (とりにく): carne de pollo
toru (とる): coger
toru (とる): hacer una foto
tôru (とうふ): pasar
toshi (とし): año
toshokan (としょかん): biblioteca
totemo (とても): muy
tôtô (とうとう): por fin
tsuchi (つち): tierra
tsugi (つぎ): siguiente
tsugô (ga ii) (つごうがいい): oportuno,-a
tsukareru (つかれる): cansarse
tsukau (つかう): utilizar
tsukeru (つける): encender, pegar
tsuki (つき): luna
tsuku (つく): llegar
tsukue (つくえ): mesa
tsukuru (つくる): hacer, construir
tsuma (つま): (mi) esposa
tsumaranai (つまらない): aburrido,-a
tsumetai (つめたい): frío (de tacto)
tsurete iku (つれていく): llevar
tsutomeru (つとめる): trabajar en
tsutsumu (つつむ): envolver
tsuyoi (つよい): fuerte
tsuzukeru (つづける): continuar
tsuzuku (つづく): durar

[U]

uchi (うち): casa
ue (うえ): arriba, encima
ugoku (うごく): moverse
ukeru (うける): recibir
uketsuke (うけつけ): recepción
umareru (うまれる): nacer
umi (うみ): mar
undô (うんどう): deporte
unten suru (うんてんする): conducir
untenshu (うんてんしゅ): conductor
uriba (うりば): departamento de venta
uru (うる): vender
urusai (うるさい): ruidoso,-a
ureshii (うれしい): contento,-a
ushi (うし): vaca
ushiro (うしろ): detrás
uso (うそ): mentira
usui (うし): fino
ude (うで): brazo
uta (うた): canción
utau (うたう): cantar
utsu (うつ): dar golpe
utsukushii (うつくしい): bello,-a
uwagi (うわぎ): chaqueta

[W]

waishatsu (ワイシャツ): camisa
wakai (わかい): joven
wakaru (わかる): entender
wakareru (わかれる): separarse
warau (わらう): reirse
wareru (われる): romperse
warui (わるい): malo,-a
wataru (わたる): atravesar
watashi/watakushi (わたし、わたくし): yo
watashi no (わたしの): mío
watasu (わたす): entregar

[Y]

yahari (やはり): también, igualmente
yakeru (やける): quemarse
yaku (やく): quemar/tostar
yaku ni tatsu (やくにたつ): ser útil
yakusoku suru (やくそくする): comprometer
yama (やま): montaña
yameru (やめる): dejar
yamu (やむ): parar (de llover)
yaoya (やおや): verdulería
yaru (やる): hacer
yaru (やる): dar
yasai (やさい): verdura
yasashii (やさしい): fácil
yasashii (やさしい): cariñoso,-a
yaseru (やせる): adelegazar
yasui (やすい): barato
yasumi (やすみ): descanso
yasumu (やすむ): descansar
yatto (やっと): por fin
yawarakai (やわらかい): blando,-a
yobu (よぶ): llamar
yôfuku (ようふく): vestido
yogoreru (よごれる): ensuciarse
yôi suru (よういする): preparar
yôji (ようじ): faena
yoko (よこ): lado

yoku (よく): bien
yomu (よむ): leer
yorokobu (よろこぶ): alegrarse
yoru (よる): noche
yoshû (よしゅう): preparación de la clase
yotei (よてい): plan, previsión
yowai (よわい): débil
yu (ゆ): agua caliente
yûbe (ゆうべ): anoche
yubi (ゆび): dedo
yûbinkyoku (ゆうびんきょく): correos
yubiwa (ゆびわ): anillo
yûgata (ゆうがた): tarde
yûhan (ゆうはん): cena
yuki (ゆき): nieve
yukkuri (ゆっくり): lentamente
yume (ゆめ): sueño
yunyû suru (ゆにゅうする): importar
yureru (ゆれる): agitarse

[Z]

zannen(na) (ざんねんな): lamentable
zasshi (ざっし): revista
zenbu (ぜんぶ): todo/total
zenzen (ぜんぜん): no…nada
zero (ゼロ): cero
zô (ぞう): elefante
zubon (ズボン): pantalones
zuibun (ずいぶん): bastante
zutto (ずっと): mucho (más), sin cesar

Impreso en España por
HUROPE, S. L.
Lima, 3 bis
08030 Barcelona